聖心姆姆的愛與啟發

即使只為了一個孩子的幸福

生命被啟發的幸福

目前在台灣，大概只有聖心會的修女們還被稱為「姆姆」。幾世紀前，修女被稱為Mother或Madre，翻譯成中文有母親的意思。創始於法國的聖心會在一九二六年來到中國上海開始辦學，上海話發音的「姆姆」稱呼就一直被沿用至今*。對台灣的聖心人來說，姆姆的一言一行不僅具體實現了會祖聖瑪德蘭·索菲「即使為了一個孩子的幸福，我也要創辦聖心會」的教育宗旨，更是啟發她們生命意義的關鍵引導。

被關懷、被啟發的幸福感受，大概是聖心學生最普遍的共同經驗。聖心重視每個孩子的個別特質，也努力透過各種課程與活動的體驗學習來開發學生內在的無窮潛力。可能是這樣的養成方式，讓聖心校友對她們的學校生活有著超乎尋常的懷念，和姆姆師長們更建立起難以言喻的深厚情感。

「被全心接納」的感受陪伴著這些學生一輩子，讓她們學會尊重自我，也長養出對自己的信心及對生命的期待。孫知微姆姆常說：「我們看重的不是一個孩子她三年後某學科的成績，而是她三十年、五十年後會成為一個什麼樣的人。」因此，聖心非常注重教學行政團隊的「教人品質」，而不僅僅是「教書能力」而已。真誠的品格、主動的學習、與他人合作、獨立的思考能力與為人服務的付出，這些是聖心團隊認為最具生命意義的教育重點。

「要能夠在別人的需要上看到自己的責任！」這樣的價值觀激勵著許多聖心學生在人生路上不斷突破自我，因為以「成就他人」為目標的人生挑戰最具意義！不少聖心校友表示，她們受益最多的是價值觀的建立。透過付出來成就自己與他人的生命追求，讓她們在個人、職場與家庭生涯中能夠克服挫折、熱情擁抱生活，並且心懷感恩。

何其有幸！我在畢業多年後，有機會透過聖心教育發展基金會的運作，因而對姆姆老師們在教育理念的實踐上有了更多的理解與體會。例如在聖歌比賽規則裡加入「每位同學的服裝預算不超過兩百元」一項，藉以激發學生的創意思考；某導師在運動會安排身障生跑接力賽最後一棒，引導學生共同體會突破自我限制的經驗等。這些用心每每令我感動！

姆姆們的啟發就像植入心中的一顆種子，在畢業後依然引導著聖心學生不斷豐富其生命的層次。每位聖心學生心中那棵生命樹的成長速度和高度或有不同，但來自天主愛與智慧的啟發已經成為伴隨她們一生的心靈活水！

懷著對姆姆們的無限感恩，多位聖心校友誠摯盼望透過其親身經驗的真實分享，提供給關注教育的父母們另一個面向的參考。祝福所有的孩子們，在成長的過程中都能獲得足以轉化生命的心靈啟迪！

聖心教育發展基金會董事長／得利塗料行銷總監　陳美慈

*：本段引自《八里‧巴黎》書中王漪老師的文章。

山腰上的家

淡水河對岸的燈火搖曳，火車汽笛聲在夜色中響起。坐在觀音山腳下，蔥鬱樹林間的草地上，被濃濃的撲鼻草香包圍著。應該是很舒適的，可是我一點也開心不起來。一想著家中的親人和桌上熱騰騰的媽媽的拿手菜，眼淚不止地留下。白天要適應嶄新的初中生生涯，可是吃過晚飯、一到晚自習時間，排山倒海來的思念，就會化成滴滴眼淚！

初中一年級開學第一個月、幾乎不能停止的想家愁緒，破壞了我的住校計畫。只好每天在台北士林的家與台北縣八里鄉的校區中通車往返，每天單程就至少要一個半小時！雖然校車上並不無聊，但為了節省時間，初二時再試了住校。明明已經很熟悉了校園，也有很多同學好友，但我還是屢哭不爽，一個月後依舊宣告失敗。一直到初三最後一個聖心學期，才完成也完全享受了幸福的住校滋味！

每次提到這段「慘痛」的住校史，總讓我對聖心更加眷戀。當時天天一封家書求爸媽帶我回家，讓好心安慰我的姆姆們好生為難！我一次次的嘗試與失敗，老師和姆姆們只有耐心的陪伴，絲毫沒有責怪。從把住校視為苦海，到把學校當作山腰上的家，聖心陪伴我長大的是滿滿的包容與愛！

回頭一看，發生在三、四十年前的這段歷史，依舊是我生命中最快樂充實的一段！青春歲月，何其有幸在這樣的環境中長大！環境的優美，是聖心人得天獨厚的恩寵。坐落在觀音山下，面對淡水河，校園中有密密的相思林，時時落英繽紛。山下教室到山上的大道，路旁大樹永遠枝葉繁茂。到山上還有一條石階小路，下雨過後總要小心不要踏到四處爬滿的蝸牛。大廳前面的花圃四季變換著不同顏色的花朵，三色堇是我的最愛。

還有漂亮的山上教室，白色的船形建築直到現在看來還是很有現代感。當時只覺得好喜歡這棟建築，特別是還可以在它的長廊下辦熱鬧的義賣會，不明瞭原來這是名建築師丹下健三的作品呢！至於山上宿舍，雖然同學間總是彼此嚇著、窗口前面的樹叢間有墓碑，不過等我初三住進去的時候，早就天天開心得不在乎那些！山上的餐廳是每個人不論住校通學、學生老師每天聚集之處，餐廳的味道，現在閉起眼似乎還可以聞到，夾雜了豆漿、饅頭、米粉、白菜湯的味道。哈哈，當然還有雙手得泡進去的洗碗水的油膩味！洗所有人的碗盤，是每個人都會輪到的餐廳工作，當時一點也不以為意，還覺得頗有成就感。另一項很棒的訓練則是住校時的鋪床，到現在我還是用那時學來的訣竅……一點不含糊喔！

校園如此，給所有學生鉅大的潛移默化作用，讓我們更接近造物主的神奇，更懂得欣賞自然之美，學習謙卑，也從中獲得身心平衡。但是，最讓我受益匪淺的，是聖心給我的人格培養。

課本外的生活教育，是聖心獨樹一幟的！在所有學校都以升學為唯一任務的大環境中，鼓勵孩子們從一般事務中學習紀律、培養應對進退做人儀節，如果不是絕無僅有，至少是絕對少數！例如洗碗鋪床，還有社區敬老扶幼活動、愛心義賣會、乃至聖誕節前夕的小天使遊戲、報佳音、望彌撒，無一不在供養我們心靈養分，讓學生們懂得知足惜福，感恩分享，奉獻服務！

記得那時免不了為賦新詞強說愁，在畢業紀念手扎上寫著—願做永不長大的柚子，永保潔白無瑕！修女回了我一句：「外表的滄桑代表歲月的歷練，更換來甜美充實的內在，不是更值得珍惜嗎？」一語打醒做夢的我，讓我永遠銘記在心！

就是這樣無時不刻的叮嚀，給了我人生中珍貴的一課！要不是有聖心愛的教育與不同於一般的精神培養，我的人生很可能不一樣！

今年聖心五十歲了！感恩的同時，更希望聖心精神長存，造福更多人。聖心精神為何？除「愛」無它！

富邦文教基金會執行長　陳藹玲

推薦序

Chapter 1 愛的教育——以愛為本的教養智慧……13

Chapter 1

愛的教育——以愛爲本的教養智慧

台灣聖心第一棟建築物的黃瓦紅柱與藻井展現著古典中國風格。初期的建校經費來自當時全球二百多所聖心學校學生擦皮鞋、賣巧克力、賣郵票所捐獻出來的零用錢。

用愛灌溉的心靈花園

我熱愛音樂的種子，在聖心獲得滋養而慢慢茁壯，因為姆姆和師長的信任及鼓勵，我找到一個更寬闊的理想，一個可以盡情展開和綻放的空間。

——鍾安妮

二〇〇九年五月二日的晚上，台北國家音樂廳裡安可聲不斷，觀眾被俄國鋼琴大師 Natalya Antonova 彈奏的布拉姆斯「第一號鋼琴協奏曲」感動不已，在熱烈的掌聲中，指揮鍾安妮代表樂團向大家致謝。

這時，台下有一位女士開心地拍著手，看起來簡直是鍾安妮的頭號粉絲，這個人正是聖心的孫姆姆。

時間回到讀聖心初中時的鍾安妮，那天是四月一日愚人節。孫知微姆姆是當年的校長，她照慣例在各教室間巡堂，忽然，她發現有一間教室看起來不太對勁。仔細一看，原來是掛在黑板上方的國父遺像竟然被換成亞蘭德倫的明星照，全班同學看到姆姆進來，不禁哄堂大笑。

這時孫姆姆氣定神閒地對著鍾安妮說：「妳去把它拿下來。」鍾安妮馬上本能地回嘴：「又不是我弄的，為什麼要叫我……」孫姆姆回答得更妙：「我又沒說是妳弄的，只是因為妳個子高嘛！」我想，那時孫姆姆當然知道，絕對是我搞的鬼，因為除了我，誰有這麼大的膽子？

其實打從初一進學校沒多久，校園裡調皮搗蛋的事就都少不了鍾安妮的份：舉凡上課偷吃零食、天氣太熱索性翹課、畫漫畫投稿到國語日報嘲諷她不欣賞的老師、或是跟同學吵架，負氣跳牆逃學……。鍾安妮的任性和我行我素，早就讓她成為訓導處、輔導室的常客。

有天鍾安妮又因犯錯，父親被通知要到學校與校長談一談。事後父親轉述整個談話經過提到：孫姆姆態度非常親切，只把女兒所犯的事平淡地

｜在生命中唯有一顆自由的心才能帶來真正的快樂。

說了一遍，好像在閒話家常一般地對他說：「你這孩子呀！壓根兒不知道自己在幹什麼，這樣好了，我們來為她禱告！」就這樣，姆姆沒有把責任推到孩子和父母身上，而是邀請他們一起來到天主前，尋求指引。

鍾安妮愛搞怪的行徑，沒有嚇跑姆姆和師長，在聖心開明的氛圍裡，她沒有受過任何打壓。從校長孫姆姆到各科老師，也都練就一身見怪不怪的本領，持續地給她寬廣、自由的發展空間，從沒有為她貼上標籤。

鍾安妮從小便展露音樂天分。十一歲起初次接觸指揮，每天早上站在台上指揮上千名小學生唱國歌、國旗歌，本身更是歌唱比賽的常勝軍。音樂對她來說，是一件非常自然的東西，小小年紀，便喜歡那種用手表達、詮釋音樂的感覺。

指揮除了技巧以外最需要的領袖氣質，這一方面她也是渾然天成。聖心的音樂老師很早就發現了她在這一方面的天分，把合唱團放心地交給她全權負責，替聖心屢創佳績，個人還獲得過無數次的「最佳指揮獎」。

她熱愛音樂的種子，在聖心獲得滋養而慢慢茁壯，因為姆姆和師長的信任和鼓勵，她找到一個更寬闊的理想，一個可以盡情綻放的空間。

正當大家拚死拚活準備聯考的初三，孫姆姆卻介紹她去當鋼琴家教，對象是一個四、五歲的可愛小女孩，不但讓她發揮音樂才華，也教導她如何負起責任，照顧別人；暑假則介紹她去校友的外商公司打工，讓她體會父母賺錢的辛苦；偶爾帶她避靜，讓她學會沉澱浮躁的心情，孫姆姆給了她許多不一樣的啟發和人生體驗。

聖心對學生的教導採用開放且活潑的啟發式教學。例如孫姆姆朝會時的談話有時竟然是：「最近山上的杜鵑花都開了，歡迎大家有空去賞花！」國文課時，老師有時候會用戲劇的方式讓學生把課文「演」出來，用劇本台詞取代反覆背誦，鍾安妮記得她當時興致高昂地做著道具戲服，直到今天都還能記住「郭子儀單騎退兵」的課文呢！

鍾安妮記得孫姆姆曾說過：「聖經上說，神不看重我們的外貌，神看重的是我們的內心。」姆姆很清楚地知道每年學校裡都會有一些調皮搗蛋的孩子，可是姆姆總是會更特別地關照，因為這些是特別有想法的孩子。

教育者是雕刻師，他必須了解學生原來的個性、天賦，並根據對學生的認知，設計適合的培育方法，讓每一塊石頭展現出它特有的美麗。

多年前，鍾安妮曾經對自己該走哪條路有些疑惑。孫姆姆這樣告訴她：「妳就持續往前走，等妳回頭一看，路，原來已被妳走出來、在那兒了！」孫姆姆的智慧指引，讓鍾安妮總是能持續用積極、正面、樂觀的態度去面對自己的人生。

「寬容」與「信任」讓鍾安妮學會去發掘自己的價值，開啟人生的新風景。她認為，聖心的師長之所以能給學生這麼寬廣的空間，是因為真心相信，最重要的是看見天主創造她們時所賦予的原貌，並且幫助她們活出獨特的豐富生命。

鍾安妮後來成為台灣第一位管絃樂指揮博士。指揮家與教育家是如此相似，她教導的學生，從三、四歲到研究生都有，她會用不同於一般世俗的眼光去發現每個人的特質。「藉由樂團的運作，指揮要讓每個演奏樂器的人，瞭解每個音符在樂曲中都有它存在的意義，而透過團員間彼此的合作與支持，展現『萬事互相效力』的真正意涵！」

耶穌視所有人為他的羊，一路帶領羊群走向幸福。弱小的、需要照護的，耶穌就將他們背在肩上。

不著痕跡的心靈守護

在聖心，我親身體驗到一些看似簡單，但卻相當珍貴的人生價值。姆姆們和師長們無私的愛與包容，讓我學會以良善的眼睛去看待世界，以回饋的心念走在人生的道途之上。那是我生命的啟蒙，深深的影響、並且一直延續到現在。

——王紫晶

二十幾年前，王紫晶的父親為她挑選學校時，看到聖心荷葉領、八片裙的制服，眼睛為之一亮，興沖沖地轉過頭對她說：「女兒呀，就是這所學校囉，爸爸希望妳能跟這些學姊們一樣漂亮、氣質出眾。」行事一向開明的父親認為學業的競爭不是他主要的考量，他更在意的是，他要女兒快樂學習、擁有幸福人生。

事實證明，她的父親很有遠見，王紫晶浸淫在淡水河畔的好山好水當中，度過了快樂又充實的高中三年。

「在聖心雖然只有短短三年，但是她卻給了我之後面對人生起伏很大的力量和勇氣。」即使隨著歲月流逝，這樣的感覺卻益發強烈，或許有人會說那時她不過是個十幾歲的黃毛丫頭，怎麼可能有那樣深的體驗，但是現在回想起來，王紫晶認為自己的潛質和對待人生的態度，正是在那個階段被培育出來的。

「在聖心，我親身體驗到一些看似簡單，卻相當珍貴的人生價值。——『真心關懷』與『全然尊重』。在姆姆和師長們的身上，我看見了女性『堅毅』、『果敢』、『獨立』的一面，同時也感受到師長們『溫柔』、『慈愛』、『細緻』的特質。這些種籽逐漸在我的心靈裡深埋、發芽，這對我之後的人生，特別珍貴且影響深遠。」王紫晶說那是一段值得懷念的美好時光，學校像細心呵護著小女兒般地在培育著每一個學生。

以愛為本的關懷教養，能讓孩子更懂得關懷並以真誠去對待別人。

高一升高二那年，父親的事業出現重大危機，家中經濟瞬間從雲端跌到谷底，以致無力再負擔學費。她告訴孫姆姆說想休學，沒想到，姆姆只是輕拍她的肩膀然後說，「我知道，別擔心，讓姆姆來想想辦法。」接下來她只知道姆姆希望她能住校，好方便照顧她並避免外界干擾。從此以後，她再也沒為學費操過心，這一直是姆姆和她之間的小祕密，即便是在畢業多年之後，也沒有什麼人知道。

除了不用擔心學費的負擔之外，姆姆更在心境上特別照護她。王紫晶說，好多事後來回想起來，其來有自。姆姆總是用很細膩且不露痕跡的方法去關心她、照顧她，只為了呵護這個小女孩的心靈不受到絲毫的傷害。

譬如說，姆姆常會透過廣播把她找到校長室，然後只是簡單地問：「今天有沒有吃飽呀？」「最近都在玩些什麼呢？」等等的閒話家常，彷彿是一串串讓人安心的符號，尤其從姆姆的口中吐露出來，讓她感受到被奶奶般地疼愛著。

老師們也會透過各種機會，讓王紫晶接受許多挑戰與考驗，舉凡擔任班級幹部、參與各種演講、表演、大型活動、學生會長選舉等等，師長們一方面要讓她多多磨練，一方面也是希望藉由忙碌讓她淡忘家中的負擔和心情壓力。王紫晶十分感念這段「計畫性」的培養，造就了她在日後面臨許多困難時，「絕不輕言放棄」並「勇於堅持到底」的人格特質。

王紫晶回憶，有一次家中債權人跑到學校來找她，當時的蕭教官挺身出面替她解圍，讓她免除心情上的恐懼與擔憂。在一次與孫姆姆的晤談裡提及這件事時，王紫晶傷心地哭了起來。這時，只見孫姆姆拿出自己的手帕表演著一邊擦拭自己的臉頰又一邊開朗地笑說：「看妳擦眼淚，那我只好擦汗了……」姆姆用如此輕鬆可愛的智慧，去安慰一顆孩子的心，讓她知道，哭過之後可以重展笑顏，可以有個寬厚的肩膀倚靠，聖心是個讓她放心停泊的港灣。

高三快畢業時，姆姆跟她說：「妳以後念大學，就如同小魚要游向大海。外面的世界好大好大，是不一樣的人生歷練，妳是應該出去闖一闖、看一看的。」現在也是為人母的王紫晶，終於可以體悟到當時孫姆姆說這

｜以愛還愛，以心體心。

番話的心境。人生版圖的擴展需要「勇氣」和「膽識」，這兩點特質她都在姆姆的身上看到並且學習到。

她說，舉凡女性沉穩、堅忍、細膩、柔軟、無私的特質，姆姆和聖心師長們的身上都找得到，因為在聖心所有的工作多由女性擔綱，所以絕對沒有女性等同弱者的傳統印象。相反地，女性可以更無所懼地展現自主性和獨立性，這讓她深深瞭解：男人能，女人也一定能。超越兩性限制，女性在許多領域中的表現可以跟男性一樣好，甚至更好，這份認知給了她很多自我成長的力量並且奠定了「自信」的基礎。

另外，高三的導師潘露汀老師也影響她甚深，她教會王紫晶要懂得沉潛。她說個子很高大的潘老師，有著與身形完全不一樣的個性。因為瞭解王紫晶的家庭狀況，常常會單獨找擔任班長的王紫晶一起去大學之道散步。潘老師總是慢慢地走著，有條不紊、輕聲細語地教她許多人生的道理。有時候甚至只是靜靜地不說話，師生兩人漫步在淡水河畔的美麗校園內，一起看著這個再熟悉不過的自然美景。那份陪伴的安定力量，就已經足夠讓王紫晶在那樣的年少歲月裡不會因為家逢巨變而鑽進死胡同。

「保有一顆單純的心」、「放慢腳步細細觀察」，潘老師對很多事自有一番見解，這讓日後王紫晶在處理許多重大事務上受益良多，「要沉得住氣，才能再往下解決問題。」「很多事不是只有功利，或一定要馬上看到成就，懂得沉潛很重要。」老師講的那些話常常出現在她的腦海，讓她體會到人生的風景，動靜皆美，並不一定需要去爭個輸贏，穩健紮實的慢慢走就可以。

聖心三年，給了王紫晶一個特別的人生舞台，透過許多學校大型活動的企畫和參與，磨練出她獨當一面和解決問題的能力，也讓她學習到團隊合作的重要性與樂觀正向的人生觀，這一切都是她的生命資糧，讓她在日後的職場、家庭婚姻與教養下一代等各種階段中，處處都看得到複製「聖心經驗」的軌跡。

雖然只有三年，但是姆姆和師長們給予她的人生影響，卻始終沒有中斷過……王紫晶自許，要將受自於聖心的一切真、善、美，廣為宣揚，並幫助更多互有連結的生命個體。

王紫晶聖心畢業後進入天主教靜宜大學企管系就讀，應屆畢業時並以全學院唯一通過直升考試之資格繼續完成「管理科學研究所」的學業，後來在靜宜大學企管系擔任講師多年，現在的她是亞耕有限公司的負責人。

感念於聖心對她的教育與栽培，她成立了「王紫晶校友獎助學金」資助鼓勵學妹。

有次朝會，當時的周繼文校長看到天色美極了，一時福至心靈地邀請同學們「抬起頭來，欣賞天空的藍⋯」。那次朝會，令許多聖心校友即便到現在都印象深刻！

用「愛」與「智慧」往下紮根

我心目中的姆姆，總是那麼地自由自在、有創意、聰明、堅毅、熱情，以前瞻性的眼光引導著我們心無所懼地向前行。

——張振亞

姆姆從來不「教」我們什麼，沒有教條，也沒有長篇大論。但從她們的言行及身教，我看到了完全不求回饋的付出，及充滿包容的愛心，這對我有深遠的感動及啟發。

——張振明

在聖心校友中，常常見到來自同一家庭的姊妹群或是母女檔。而張振亞、張振明就是其中很典型的例子。張家姊妹們在職場領域中的高度專業與才華備受肯定；兩人在面對生活時的積極正面態度，也同樣令周遭的朋友同事印象深刻！

由於家庭中陸陸續續有六位成員在聖心就讀，也因為長期參與了校友會事務，張振亞和張振明這對姊妹對聖心教育的理念有更多體會及認同，因而熱心支持並投入學校的活動。

到底是什麼原因，讓畢業快四十年的她們願意為聖心付出那麼多？哈佛MBA畢業，現任台灣嬌生公司總經理，也曾是第一屆聖心校友會會長的張振亞表示，她希望聖心如此美好的教育理念可以被更多人看見！而目前擔任中原大學商業設計學系主任暨研究所所長，也是本屆聖心校友會會長的妹妹張振明則說：「聖心對孩子的教養用心至極！我希望好的教育理念能被持續地傳承實踐。如果周遭有朋友要我推薦好的學校，聖心永遠會是我心目中的首選。」

聖心六年對張振亞最大的影響，是建立清楚的價值觀，並且學會將價愛要靠行動去表達，而最好的方法就是去服務。

值觀付諸行動，也讓她了解人生的目的不是只有自身的物質享受，更應該要關心、幫助需要的人。從初一參加園遊會義賣開始，她就體會到，原來只要花一點點時間和力量，就可以幫助弱勢團體。這奠定了她日後參與公益工作的習慣。從早期的伊甸園、勵馨基金會，到彭婉如基金會，她透過自己的人脈整合各界資源與專業技能，幫助社福團體聚焦服務內容並提升運作效能。二〇〇九年起，她有感於景氣不佳，社福團體募款困難，主動說服五家外商與本土企業，共同捐贈物資給善牧等十幾個基金會，並請託聯合勸募協助管理流程。這不但使嬌生公司成為台灣社會企業的絕佳典範，更為企業支持社福團體運作開創出實質有效的創新參與模式。

「常有人問我為何會如此義無反顧地投入公益？其實追本溯源，就是因為聖心給了我好的教養，讓我覺得幫助並關懷他人是一件在在自然不過的事情，也是每個人隨手該做的事情。它已經深入我的內在，成為我很自然的生活態度。」

有些朋友想知道究竟在聖心學習成長的孩子有什麼不同？聖心教育為

何與眾不同？張振亞認為聖心的一切根源於聖心會創立時便清楚描繪出的教育架構、教育目標和核心價值。

張振亞說，聖心教育的中心思想是希望能讓學生快樂學習，更有能力去面對未來多變的世界，並且成為願意負責、樂於分享且能真心貢獻的人。「聖心修會的唯一使命就是教育，二百多年來聖心修會的修女們持續觀察社會的需求與世界的趨勢，對於如何讓孩子在心智、心靈、人格和行為提供最好的引導有著非常明確的掌握。」聖心看重的是每個生命的啟發，對學生的期待是她未來三十、五十年後對周遭人群的付出，而不是眼前某一學科的考試成績。因此聖心清晰的教育藍圖，有足夠的包容來讓學生摸索出適合每個人自己的人生路。因此，要想讓孩子接受聖心教育的洗禮，父母必須有健全的心理準備。「如果只是想要孩子在智育單方面有所發展，那就不必把孩子送到聖心。但如果是期待孩子來聖心能得到更多的關懷、更多的尊重、更多樣化的學習、更寬闊的人生視野、更好的品格教養，聖心絕對可以如你所願。」

張振亞非常認同聖心在全人教育上數十年如一日的實踐。她說這是尊重個人的教育理想。學校重視的不止是智育，更重要的是人格的健全發展。「聖心的師長愛學生、看重學生，是因著每個孩子本身不同的特質，絕不會是因為頭上有某些光環。因此不管是怎樣的學生，都會被尊重、被接納。」這樣的教養傳承是每位聖心人都有的深刻體會感受，因為學校會敞開胸懷，接納每個學生的差異性和獨特性。

身為三個孩子的母親，張振亞在思考孩子的養成教育時，看重的是如何讓孩子在現今升學、功利主義掛帥的大環境裡，培養出深入了解自我後的自信、願意堅持理想的努力與不隨波逐流的品格。送孩子去念具有如此教養智慧的聖心，便是最自然的決定。

因為聖心願意尊重孩子個人的特質與興趣發展，能讓孩子不斷受到鼓勵，並且在過程中被寬容以待。不論任何狀況，師長都會用不帶批判的心理去支持孩子，因為沒有所謂的預設立場，所以學生更能敞開胸懷拓展觀點。也因為沒有所謂「好」與「壞」的標籤壓力加諸在孩子身上，孩子才能快樂地學習和成長。

張振亞也將這些親身受惠的聖心教育理念，應用在自身對小孩的教養哲學中。張振亞的二女兒黃明瑋天資聰穎，常有不循常規的獨特想法。原本預計讓她追隨姊姊黃明琦，在聖心念完六年中學。但國二升國三那年，黃明瑋表達了想「出走」到外面看一看的意願。張振亞尊重她的想法，讓她轉學。轉學到他校的明瑋表現優異，但一年後她對自己的學習環境有了更多認識，決定再回到聖心。小小年紀的她還自己寫了一封信給校長說明想回聖心的原因：「我領悟到，在聖心我才能養成自己所要的豁達、自主及透過群體生活的團隊精神。」再度回到聖心就讀高中後，她考上成大數學系。但念了兩年大學後，在一個追隨影像大師龔友誠的暑期工讀機會裡，黃明瑋的「叛逆」個性再度蠢蠢欲動。她決定休學，擔任龔友誠的助理貼身學習，隨後又轉到賣Apple電腦的門市工作。兩年後再回到學校一邊上學，一邊在Apple Store工作，繼續耕耘新興媒體的軟硬體學習。

這一路走來，媽媽張振亞給了黃明瑋看似很「誇張」的自由，因為張引導學生進一步地瞭解自己，並學會解決問題，告訴他們錯誤和摸索都是成長的一部分。

振亞堅信，在聖心成長的孩子都有自主的能力，勇於透過多方的嘗試，找出自己的興趣及特長，為自己的熱情與未來發展負責任。所以她很尊重孩子的想法與決定，而願意全心地支持她，「就讓她 try different things，而不是只給她念書這一條路走。」

張振明補充說，在成長最重要的青少年期間，聖心寬廣優美的校園，讓她覺得每天上學都像「郊遊」一樣開心又愉快。「在聖心，從姆姆、校長、老師、員工都非常純良，因此聖心孩子對人性的良善有深刻的體會，因此心思純真、正直、沒有心機。」張振明認為品格教養的要求，正是聖心環境可以持續如此清新的原因。聖心女孩天天耳濡目染在自我期許甚高的教職員行誼，自然而然養成待人接物的禮貌、與人相處的真誠與不分彼此的互助。

如此真誠、熱情的特質，也是張振明人緣極好的一大原因。她每每有什麼好東西，就很積極地和別人分享。去年她看完《拯救地球》這部好電影，就馬上設法讓聖心全校師生也能一起共賞。過去在廣告公司工作時就算忙得昏天暗地，還是不忘號召全公司一起過個趣味十足的萬聖節或復活節。她「好玩」的個性，感染了周遭的同事和她「一起玩」，而且一玩就是二十五年。從上奇廣告總經理到聯廣傳播集團執行長，她在事業上「玩」出一張漂亮的成績單。而最難能可貴的是在廣告界多年，她仍保持著一顆真誠待人的赤子之心。張振明說這應該是聖心培育了她心思純真和樂於分享變成生命的基本態度，因此不論處在什麼狀況，都能如此自然應用在生活當中。

張振明說聖心教育是一種愛的教育，而且聖心的愛是整體的、隨處可見的。因為有愛，即便是功課不好的孩子，自信也會慢慢被建立，而且聖心的愛，不止是姆姆、校長、老師對學生的愛，甚至擴及到工友、司機伯伯等周邊的人都一樣心中有愛。女兒陳芃雖然只讀了一年聖心，就因為父母工作而遷居國外，但對於聖心的那一份濃濃的愛仍念念不忘。張振明自己對小孩的教養方法，也是以尊重的態度來扮演孩子的好朋友。陳芃即便現在已經在香港做事，還是最愛跟媽媽聊天，她覺得媽媽永遠「年輕、好玩、又開心」。

針對現代人在親子教養上，因為大人們（父母或師長）常量化學習成果忽略孩子們感受，或是過於偏重智育發展而忽略了孩子在責任感、分享關懷、團隊紀律等情緒管理和生活能力的養成，張家姊妹一致認為聖心在這一方面提供了一些不同的觀點和做法。聖心相信唯有將教養落實在日常行為中，孩子的人格才能得到真正的啟蒙。

畢業將近四十年，現在領導著跨國企業，一年三百六十五天忙得不可開交的張振亞，每年到了年初二，一定抽空帶領全家與幾位校友回聖心，為修院的姆姆燒一頓美味的晚餐。表面上的原因是過年期間，沒有人幫姆姆料理三餐。但持續了多年的這個回娘家活動，其實是校友們對姆姆感恩的禮敬。校友們心目中的姆姆，總是那麼地自在、有創意、聰明、堅毅、有熱情、又具前瞻性。姆姆們散發出來的平靜和諧氣質與明心慈愛的睿智，讓張家姊妹對姆姆的敬意與日俱增！

姆姆們衷心希望每個學生能活出自己的一片天，而畢業多年的校友們對於所領受的聖心美好教養也是心存感激。張振亞說聖心不單單是一個孩子的完美學習場域，更是培育和啟蒙孩子能力與視野的一個先驅國度。

張家姊妹衷心期望有更多孩子們能來親身體驗充滿遠見且「以人為本」的聖心教育，也希望透過聖心的教育理念，讓「愛」與「智慧」持續傳遞下去。

張振亞，現任台灣嬌生公司總經理。張振明，現任中原大學商業設計學系主任暨研究所所長，曾是廣告界出色人才。兩人在各自的領域中，高度專業精神備受肯定；兩人在面對生活時，同樣地保持積極正面的態度。她們認同聖心教育的理念，並曾擔任校友會會長、家長會委員多年，長期為母校貢獻心力。

九公頃大的聖心校園裡，處處是茂盛蒼鬱的林木花草。矗立其中的聖母、耶穌聖像，常是學生漫步在校園時心靈仰望的歸屬。

看見姆姆心中的遼闊

我覺得在聖心，每個孩子都是姆姆心中的璞玉，而且前提是，大家都是一樣被平等對待，沒有誰好誰壞的差別待遇，學生可以像海棉般，盡情吸收養分和愛，讓心靈豐富充實。

——楊淑娥

楊淑娥一共在聖心念了十年，初中、高中和當時還存在的聖心女大。身為第三屆的聖心人，她覺得自己何其有幸，能夠隨著聖心一起成長，一起學習，一起分享生活中的美好與感動。

「我常跟別人說，是聖心為我播種，給我養分，從萌芽、滋長到開花結果，姆姆們都一路陪伴，讓我知道我能做什麼、要往哪個方向，沒有她們，我的人生不會如此豐富。」

重新踏入回憶，點點滴滴依舊讓楊淑娥感動，她說不管時間如何消逝，聖心姆姆們教會她關於「愛」和「分享」的這堂課，終生受用。

「聖心對品格教養、分享和關懷的教導十分看重，這對我人生的各個階段，都有著很大的影響。」因此，不管時間過得多久，在人生旅途中遇到多少起伏，楊淑娥始終對聖心、對姆姆懷抱著感恩之心。她說，姆姆對她來說，是師長，是朋友，更是至親的親人。

「是她們教會我要懂得愛和感恩，我在她們身上得到太多。」

楊淑娥自幼生長在十分傳統保守的家庭，受日本教育的父母對小孩的教育幾近嚴苛，所以她是在極度被壓抑的環境中成長，然而一切卻因著聖心有了改變。她說，本來父母親對剛來台創辦的聖心也是存有疑慮，但是經由當時師大國文系那宗訓教授推薦，得知日本美智子皇妃也是畢業於日本聖心學校，就決定送她去聖心。

那時，正值聖心草創階段，硬體還不是很完善，除了小白屋之外，就是一棟簡單的教室兼宿舍，但是姆姆滿滿的愛卻豐富了她們這些黃毛小丫頭的心，也讓她有了不一樣的體認：原來，教育是可以不用打罵、不用威權、不用壓迫。

姆姆們只是用溫柔話語，就能點醒她們學會自重、懂得自律。「這不是一件很神奇的事嗎？沒有打罵，孩子卻更乖、更懂上進，然後還會一直記住她們的好。」楊淑娥認為這就是「愛的教育」的最好見證。

姆姆們十分注重品格教育，每天都要耳提面命大家守規矩，做與說必須一致，做事讀書要認真，要謹守學生本分，更會不厭其煩地當她們一有錯誤就立即糾正。

印象中學校有一套「榮譽卡」獎勵辦法，會為孩子的在校表現寫上評比，每週一的週會就是榮譽卡的頒獎時間，不過獎勵的內容並不只是成績考得多好，也包括上課的表現、參與學校服務的表現、有沒有說好話、做好事或幫助別人等。

「姆姆常告訴我們：分數只是衡量學習效果的指標之一，最重要的是要能活用你學習到的知識，去愛別人並擁有感恩之心。」

有一陣子，姆姆去做鄉野訪問，請楊淑娥擔任台語翻譯，在偏僻鄉間訪問獨居老人、寡婦、貧戶時，姆姆總是謙卑地對受訪者噓寒問暖，問他們有何需要？有時會陪他們聊天、或只是靜靜地為他們祈禱。個兒很小的楊淑娥跟隨在側，心裡很震撼，原來世上有許多孤苦無依的人，躲在陰暗的角落流淚。這也激起了她想要關懷弱勢的心，她常記起姆姆當時對她說過：「關懷並不是施捨，而是一種分享，只有懂得分享的人，才會獲得更多。」「愛要靠行動去表達，而最好的方法就是去服務。」

之後，她常隨著學校去鄰近貧困的社區、痲瘋病院、老人院、孤兒院等地方服務分享。因為姆姆無私的付出，讓她深受感動，她一心想要成為和姆姆一樣，是個心中有愛的人。

「姆姆對愛的表達是細膩、不張揚的。」有一次楊淑娥要回校做避靜，卻因故和母親為了信仰起爭執，她傷心欲絕，頭也不回地飛奔回學校，連行李都忘了帶。姆姆看著她身上的傷口，不捨地為她消毒擦藥，卻什麼也沒問，只是用關愛的眼神看著她，默默地幫她準備睡衣、換洗衣物，事後還打了電話給楊淑娥的母親，化解整件事。

「那種愛很含蓄，很淡然，但是卻永遠不可磨滅。」事隔了四十幾年，楊淑娥都還記得姆姆那個溫暖又不捨的眼神。

在姆姆的身上，楊淑娥也看到了對學習永不間斷的堅持。

「可能是覺得姆姆講話都很有內涵，看到她們總是在讀書充實自己，又常在寒暑假或每隔幾年就會到世界各地進修，姆姆把持續學習當成一種生活習慣，這影響了我們。」她說應該是互相感染的力量，當你看到喜歡且尊敬的人不斷地在認真讀書、吸收資訊，無形中會想要跟著學習。

「知識要靠日常去累積，所以，除了課本之外，還要多去涉獵各個領域的東西，像文學、音樂、美術等等，還有生活上的各種常識，到處都有可以啟發你們的東西，錯過學習新知的確可惜。」她記得姆姆每次都這樣告訴她們。

譬如，音樂素養很高的孫姆姆常常會在學校辦小型音樂欣賞會，請會

「談心」是對孩子表達關心的一種方式，請不要吝惜讓孩子知道他是你心中最值得珍視的寶貝。

彈琴或演奏樂器的學生上台演出，有時也會有歌唱、話劇或英文劇的表演。姆姆還會請知名人士來演講，她印象很深刻的是，那時十分有名氣的余光中、救國團的李鍾桂等都曾來校演講。這些別的學校課堂上少有的課外活動，聖心卻一場接著一場地辦，學校想讓她們能接觸到更多，學到更多，能有機會和名家交流分享，這些養分更滋長了聖心人熱愛學習的心。

楊淑娥記得，初中時有一次教英文的陳瑞璋姆姆對她們講述狄更斯的文學鉅著《雙城計》，只見她在台上講得口沫橫飛，透過自導自演、創作俱佳的方式，深深吸引住她們的目光，讓大家看得如癡如醉。「可能是因為印象太深刻，後來大家都把原著拿來看，並熱烈討論。」

「聖心常會用像這樣活潑生動的啟發方式，讓學生去主動擁抱學習。」很多看似乏味的課程，在師長和姆姆的巧妙引導下，變得有趣，也加深了學生想去學習的動力。

印象深刻的還有每一年的園遊會，大家都會花盡心思地去想點子，讓班上的攤位可以更吸引人，而園遊會的所得則會全數捐出去。聖誕時節師

┃凡能使耶穌開心的事，絕不是小事。

長也會帶她們去探訪養老院、或到偏遠的地區的孤兒院，「我們會從家中帶來一小包米或東西去捐獻。」對於關懷人的那個領域，聖心總是在小地方就不斷教導她們，讓她們知道愛與分享是一件該做的事。

聖心的美感教養也很獨特：聖心的美學教養是很貼近自然、渾然天成，讓學生在日常生活中就一點一滴地把「美」當成一個自我的要求。

「姆姆會把校園整理得自然又優美，把聖堂佈置得典雅有美感，像聖母雕像旁的小花環、或是小花束，或是牆上的一幅小畫，桌椅擺設的改變等，透過種種巧思，有時連不起眼的小角落都會有不一樣的風貌，所以常有驚喜。」姆姆認為讓學生多接觸美的、善的事物，氣質會在無形中提升。

姆姆也要求她們講話、儀態都要優雅有禮，常面帶微笑，所以孩子進入聖心後氣質都漸漸地培養出來了。

「我覺得在聖心，每個孩子都是璞玉，而且前提是大家都被平等對待，沒有誰好誰壞的差別待遇，學生可以像海棉般，盡情吸收養分和愛，讓心靈豐富充實。」即使你離開了學校，姆姆還是會永遠張開雙臂擁抱你。姆姆無私的愛，總是能觸動、啟發和鼓舞著她們，即使隔了數十年，當來自世界各地的聖心校友們每次聚首時，聊的也都是姆姆萬般的好。

「這群為學生付出青春歲月的修女們，在任何地方都一樣發光發亮，照亮人心，因著她們溫柔堅定的信念和無私遼闊的心，才能引導著我們這群聖心人在人生的路上一直有光照耀著。」

姆姆遼闊的胸襟，吐露著無比芬芳，那是一種修養，更是一種真心與用心。

楊淑娥是第三屆聖心人，一路從初中、高中念到大學，總共在聖心待了十年，而畢業後數十年來她都和聖心姆姆們有著密切的聯繫，也對聖心校友會付出很多，只要姆姆們有任何事，都會第一個打電話給她。她非常以聖心人為榮，她常說，因為有聖心，才能有今天這個樂觀幸福的她。

愛上服務的心靈承諾

就如同丟了一顆小石頭在池塘中，美麗的漣漪慢慢地向外展開，這讓我深深體會，服務於人將是我今後人生首要追求的目標，我想用專業和真誠去填補一些弱勢族群和需要被關懷者的缺憾與不足。

——李亭

李亭可說是擁有正字標章的完整版「聖心寶寶」，因為她在聖心整整讀了十二年。從國小、國中到高中，一路念上來，她說：「聖心在我的人生之路占了很重要的位置，因為聖心給了我鮮活的生命體驗和感受，而且聖心也幫我種下信仰的種子。」

如果要問聖心十二年給了李亭什麼重要的啟發？「服務於人，價值觀和信仰，這些都讓我受益匪淺並激發我不斷地成長。」因為學校讓學生覺得身體力行去真心關懷人、幫助人，是一件再自然不過的事，是一件每天就發生在你周遭的事，這深深影響了她的心靈與智慧。

「在聖心時，我們班上就有認養小孩和固定捐款，大家會把零用錢省下來做捐獻，例如世界展望會或其他公益團體。每一年的仁愛園遊會我們也會為不同的弱勢團體募款，而更多時候老師會帶領著我們去附近的養老院或療養院服務，這些看起來微不足道的事卻讓我很早就知道，要分享於人、關懷於人，只要是自己能力許可的範圍，都想要終其一生去做。」

這種服務人生的價值是聖心給李亭的最大啟發，因為耳濡目染和真心感受到助人的喜悅，她知道在未來的人生旅途都要持續這樣做下去。而從一開始的被動跟隨到主動付出，對於人性關懷想法一點一滴地加深加強，心態的轉變也由施捨提升到分享，這些過程讓她感受很深。

聖心把「服務學習」納入正式的課程，這一點和其他學校不同。李亭回憶，她們會去八里的樂山療養院服務，那是智障者的療養單位。出發

｜服務與學習是讓孩子學會關懷和分享，建立正確的人生價值觀的最佳方法。

前，學校會放影片介紹，讓大家先對其背景有詳盡的認識，也會藉機讓學生討論對於弱勢族群關懷的想法。出發前還有一個充滿祝福和使命感的「派遣禮」，讓大家感覺這是一件必須真心誠意去實踐的服務。像這樣的服務學習其實還不少，李亭說聖心在這方面花很多的心思，這也是她一直很感謝聖心的地方，因為如果沒有這些親身體驗，她就沒有辦法去瞭解到關懷幫助人是一件多麼有意義的事。「這種改變，就如同丟了一個小石頭在池塘中，美麗的漣漪會慢慢地無限展開，這讓我深深體會，服務於人將會是我未來人生的追求目標，我想用專業和愛心去填補一些弱勢族群或需要被關懷者的缺憾與不足。」

就讀台灣大學的李亭，每年寒暑假都會回去學校走走，五十週年校慶運動會時她就代表校友護大會旗入場。她說常回去是因為常會想念學校的一草一木，和所有的老師。聖心就像她的家一樣，每次回去都和老師有講不完的話，那是一種很強的認同感和歸屬感，不管走到哪裡，她都覺得身為聖心人很榮耀，而和老師的感情更是親密。她說：「聖心的導師跟學生的互動非常緊密，你總是能知道有人在接納你、看護你、愛你、支持你，這種感覺就跟親人的愛一樣。愛與陪伴是師長的真心，身為學生的我們都能深刻感受那種不求回報的愛和付出。」

「其實當初會選擇直升高中部，一方面的確有想逃避考試之嫌，因為那時對聯考沒有很大的把握，但是說起來其實是捨不得離開心中的優聖美地——聖心。」而對於選擇繼續在聖心完成高中學業，她後來覺得自己是對的，因為在單純的環境，她得以好好的念書，沒有受到外界任何影響。

對於聖心，李亭是滿滿的感謝。她說聖心給學生很多資源和自由發展的平台，「喜歡畫畫創作，老師就會鼓勵你去畫、去比賽；喜歡跑步，就可以到田徑隊去玩玩；想參加辯論，學校就會給你機會去外面見見世面；想要辦活動學領導，學生自治會就是最好磨練的地方。」她說對於有才華或想要表現的人，在聖心絕對是可以找到很好的發揮之處，因為師長都會百分百鼓勵支持你，所以她在聖心幾乎什麼社團都玩過。「只要你願意，聖心是一個允許學生發光發熱的舞台。」她記得在學生會擔任主委，參與了學校大大小小的活動，甚至也參與了一些校務會議，在其中學到很多的東西，也讓協調溝通的能力，得到絕佳的磨練。

信仰是聖心送給李亭的另一份大禮。其實在大二以前，李亭還不是教友，只是從小耳濡目染，她總是很輕易就能感染那種來自信仰的喜樂。早禱、晚禱、唸飯前經、祈福禮、報佳音、聖歌比賽、復活節活動、百合花遊行等等，還有學生都很喜歡的「心靈有約」課程，讓她們在完全沒有壓力的情況下認識主耶穌，體驗神聖。那些美妙的音樂和歌聲，還有動人的畫面，早已悄悄刻劃入心。聖經的故事，也一句句都種進了心田。學校在信仰這一部分讓學生有可以自由選擇與發展的空間，從不刻意傳道，而只是提供一個很好的氛圍和環境。在她大二開始信仰主之後，才發覺原來天主神聖的指引很早便已觸動她的心，只是那時年幼的她覺得一切都是那麼自然，所以並沒有再進一步去追尋。

師長的關懷、尊重和思想的啟發，還有單純美麗的環境和朋友同學的可貴情誼，聖心帶給李亭的是豐富的回憶，能在多元、開放、自由的學風中成長，能在聖心感受到人生的美好，能透過教育得到天主無私的愛，一切都值得。

因為有愛，所以讓聖心人能成為有自信、有責任、樂分享、愛關懷和重榮譽的人。

「我記得有次學生會和學校師長一起開會，開會前要先用簡單餐點，只見當時的雪玲老師先一步就幫大家把餐具和面紙都準備好。我那時坐在位子上有點汗顏，因為這本該是學生為老師服務的事。不過這也讓我看到聖心師長服務於人的心，是如此便自然流露。就是在這樣的教養下，我們接觸到的都是人性善的、真的那一面。所以，我們也會常常提醒自己，要當一個勇於承擔和樂於分享的人。」

在聖心的小山坡上總是開著各種漂亮的花花草草，它們總是充滿活力地迎著陽光，綻放自我、暢吐芬芳，在陽光下，紅花綠葉相互輝映，如詩如畫，李亭在這一片綠蔭中慢慢長成，她說她不會忘記回饋大地的承諾，因為聖心給她滋養，教會她如何成為一個勇於付出的人。

現在就讀台大職能治療系三年級的李亭，希望自己所學與專業，在未來能幫助更多的人，她說是聖心開啟她想要關懷於人和服務於人的心，生命何其珍貴，自然要投入在有意義的事情上，她希望以後有機會能到非洲或是一些落後偏遠地方去服務。

「我來就是為叫他們獲得生命，且獲得更豐富的生命。」瑪德蘭索菲選擇以教育的方式，傳遞天主內心深處的智慧與慈愛。而聖心教育就是要學生們獲得這樣的豐富生命，且將此生命帶到生活之中。

歷久彌新的生命傳承

那時，聖心剛在台創校不久，上至校長、下至各班導師，宿舍、廚房的管理全都是由修女們一手包辦。那幾年，可以說是在學校服務的修女，人數最多的時候，修女們為聖心教育紮下很深的基礎，給了聖心孩子們一個極富特色的教育傳承，以先行者的姿態，打破當時社會對教育的想法和規範，豎立一個使年輕的生命亮麗的典範。

——蔣範華修女

初中畢業後，蔣範華選擇到聖心女中念高中，她說這是她的父母及她人生中最正確的抉擇之一。

會選擇去念一個偏遠又是教會辦的私立女校，很多人或許不解，但是對於一個住在臺北市區，初中念的是第一志願市女中的她，算是一個奇異的恩典。當她看到聖心幽靜的環境時，一眼就愛上了它，儘管那時她還沒有信仰，但是就是有一股強大的力量吸引著她。

「我的直覺告訴我，這裡就是最適合我的地方了。」

蔣範華常說自己青春期的前半段不甚開心，是在一個不論教育方法或教學理念都令自己感到束縛的市女中度過。但在聖心的那三年，因為聖心的全人教育及基督信仰所帶給她豐富的生命內涵，使她的生命猶如一株快枯萎的小樹，突然長成了一棵生氣盎然、枝葉繁茂、色彩繽紛的大樹。

「聖心修會創辦人瑪德蘭．索菲姆姆『即使為了一個孩子的幸福，我也要創辦聖心會』的教育理念，使姆姆們把每個孩子都當成獨一無二的寶貝一樣看待。在聖心，不僅可以快樂地學習，學校對生命及教育的高瞻遠矚，也給了我面對生命時一個截然不同的寬廣視野，並發現了不平凡的人生價值。最重要的是，它給了我不僅是一般的全人教育，而是以『信仰』為背景的全人教育。」

如果你從這邊得到了別人的關心，你就應該把它分享出去給其他需要的人，如果你願意付出，別人也會為你付出所有。

對於聖心，蔣範華有滿溢於心的感恩，因為她日後的人生以及對教育工作的熱忱與執著，都是來自聖心教育的體驗。

「我與天主的認識是在聖心。在純淨的宗教氛圍中，和祂越來越近，在生命的不同時期，祂總是會給我不同的指引與眷顧。」

「高一時，我的班導師是陳瑞璋姆姆，她可以說是我一生中最要感謝的恩師之一。她讓我感受到當一個好老師是多麼值得敬重：她對教學，特別是對學生，永遠充滿好奇、活力與創意。」蔣範華說，陳姆姆對藝術、戲劇獨到的天賦，加上對全人教育價值的執著，使她猶如一個仙女，踏著她獨有的細碎、輕盈的腳步、伴隨她似乎永遠充沛的精力，將每個孩子被制式化教育所隱埋的獨特性及潛能一一喚醒。「陳姆姆很會觀察學生，只要稍稍發現學生有什麼不對勁，就會找去做個別談話，她總是有耐心聽妳、與妳同喜同憂。她允許、鼓勵妳做一個『獨一無二』的自己。」

「談心」是陳姆姆對學生表達關心的一種方式，她只要豎起那根「全年不打烊」、關懷學生的「天線」，就能準確地接收到孩子們所發出的訊號，不論妳是不是一個起眼的學生，在她的心裡，妳就是唯一的、值得寶貝的孩子。

陳姆姆有時也會像個童心未泯的頑童，與孩子們打成一片，共同織夢：雖然在升學的壓力下，仍能找時間讓她們正經八百地開個高水準的音樂會（她們班的合唱團還上了電視）、帶學生到臺北公演話劇（釵頭鳳、碾玉觀音）等等，什麼事都弄得有模有樣，讓大家既有榮譽感，又有歸屬感。在她的諄諄教誨下，學生們有思想、有創意、敢作敢當。她讓學生瞭解到人生不論讀書、做人或做事，都不僅要忠於自己，並且勇於承擔。

總之，陳姆姆點醒了她青澀年華的懵懂，生命的能量因之而源源不斷地沸騰著。

蔣範華還記得高一放暑假時，每一天都會寫一封信給陳姆姆，從不曾間斷，她也不明瞭是為什麼，只是很想跟姆姆說說話，報告一下暑假每天發生的事，現在想起來都覺得不可思議，可能是姆姆的愛如同泉源般，滋潤了她小小的心靈，讓她願意對她傾吐心聲。

「那時，聖心剛創校不久，上至校長、師長下至各班導師，宿舍、廚房的管理全都是修女一手包辦，那幾年可說是聖心教育的『黃金年代』。姆姆們對聖心與眾不同的教育傳承，不僅忠心持守，並且以先行者的姿態，打破當時社會對教育的傳統想法和規範，豎立一個使年輕的生命亮麗的典範。」

常有人會質疑聖心是不是個貴族學校，來念的都是有錢有勢家庭中的千金小姐？蔣範華說，「只要是進到聖心之後，就算你有千金小姐的嬌氣也會被教導和操練而改變，等大家步出校門時，都變得謙卑、熱情，且心懷眾生。」

蔣範華記得當時的校長是孫姆姆，她嚴禁家長用私家車接送，規定所有的學生一律搭校車上下學。姆姆們對待學生更是一視同仁，不論通學生或住校生都要輪流承擔打掃、洗碗、整理等雜務，即使是高官顯要的女兒都一樣要做，絕對沒有特例。

聖心的每個姆姆都給了她許多的啟發，也讓她體認到生命影響生命，需要的是一個開始，一個起念。

「在學校裡，我一直是一個安靜、不起眼的學生。很多事也都是靜靜地看、慢慢地學、去領悟。每年聖母月舉行的百合花遊行、聖誕前在聖母大廳的愛德運動等，在在為我稚嫩的信仰生活填土加肥。對聖母的愛，就是在那時打下的根基。」

蔣範華在讀聖心時，其實從沒有想過以後要當修女，大學一年級念的是輔大哲學系（後來轉到英文系），大學時，宿舍同寢室的一位室友，因為家庭的問題經常藉酒消愁，大家都排斥她。不過蔣範華表現得不一樣，她伸出手關懷、接納了這位室友，盡一切力量讓室友覺得這個世界有情有愛。也就在那個時期，蔣範華聽到心中有個聲音對自己說：「這個世界還有很多人沒有經驗過愛，妳應該去與人分享天主給妳的豐富恩典。」

這個久久揮之不去的聲音，引她走上了奉獻於主的修道之路。

蔣範華修女後來做過輔大的宗教輔導，也到羅馬額我略大學心理研究所進修。畢業後，被修會派往墨西哥服務。不過最後落腳中國，一待，就聖神的光轉化了我們，也給我們智慧與謹慎，這正是天主的美善。

是將近二十個年頭，直到今天。

「在羅馬所受的教育，使我學習將心理和信仰整合。那是我人生的第二個春天，當然我的第一個春天是在聖心。在羅馬進修的那段時間，我覺得自己的思路全面被打開，而能如此開闊學習，全是因為在聖心打下了良好的基礎。」後來又有緣到中國服務，她說中國是一個特別的地方，在那所經歷的人與事，使她變得謙虛、溫柔，成長很多。

因為使命，蔣範華幾乎跑遍中國大江南北，只要能力所及，什麼地方有需要就去，主要的服務範圍是神父、修士及修女們的培育。最近幾年，熱衷於推動未婚青年的婚前輔導及青年人的貞潔教育。日子過得「雖苦猶甘」，她希望那裡有更多的兄弟姊妹能因信仰的紮根，活得更有尊嚴。

「大陸經驗，好像讓我又重生了一次。」在那個與臺灣文化截然不同的大環境下，蔣範華為了與當地人同行，放下自詡為「領路人」的高姿態，甘心情願地成為一名「學子」，心懷敬意，向那裡的人虛心求教。聖心姆姆們當年在篳路藍縷時的默默耕耘，尤其是聖心修會創辦人瑪德蘭·

索菲「即使為了一個孩子的幸福，我也要創辦聖心會」的教育理念，是她心中一盞永不滅的常燃明燈。在那裡，她找到取之不盡、用之不竭的靈感與力量。

伯利斯仁慈聖母傳教會的蔣範華修女在教會培育的這片荒漠上，一直以「拋磚引玉」的拓荒者為己任。面對未來，她渴望結合各地資源，去做有前瞻性的教育規畫，其中包括了兩性教育、家庭教育等。因為她在修院執教的經驗中，深深瞭解「未雨綢繆」的教育，在這個年代是刻不容緩的事，她想為「福臨中華」盡一份心力。

Chapter2

喜樂的教育——以快樂爲本的教養智慧

坐落在樹影間的六間八角形教室，是楊卓成建築師特別為聖心小學生設計的學習成長空間。

根植於付出的生命角色

「生命就像是一盆花，這盆花的意義不在於花的本身，而是取決於它的角色與付出。擺在聖壇上的花和擺在玄關的花，也許是同一個品種，但因為擺放的位置不同，其存在的意義也因此完全不同。」教育就應該是啟發孩子能夠去思考並抉擇生命意義的持續努力。

——張曼琳姆姆

張曼琳姆姆出生的第二年，中國就發生七七事變。父親張玉泉由外科醫生轉任軍醫，因此她的童年都是跟隨父親在軍隊的醫院裡度過。在戰亂流離的歲月，張曼琳從小就強烈感受到教育具有形塑一個孩子未來及整個社會前途的重要影響。年少的她，曾主動為鄉里代寫書信，也曾與小學同學於放學後在操場教難民兒童認字、算數。從事教育工作就這樣成為張曼琳一生的志向。

由師大教育系畢業後，張曼琳在因緣際會下來到當時正胼手胝足努力在台復校的聖心學校任教。那時候的聖心還沒有校舍，除了一間教學、辦公與睡覺多用的小白屋之外，其餘的都還只是地基。張曼琳是聖心的第一位老師，之後陸續擔任過許多職務，其中以擔任聖心小學校長時間最長，有十一年（一九七一～一九八二）之久。

張曼琳在這荒僻的鄉下地方，展開了許多有趣活潑的人生冒險。她帶著聖心女中第一屆的孩子，用心、用眼、用耳、用鼻、用身體紮紮實實地生活和快樂學習。「我一直認為該讓孩子用力地玩，盡情地玩。當孩子玩得夠時，就會靜心學習、思考和創造。所以我帶著孩子們在學校裡種菜、養羊、收成；到校外烤地瓜、抓蝦；不斷創造新的團體遊戲，讓孩子參與設計、玩耍、修正。以身體力行來體會生活和學習。」

在張曼琳眼中，孩童和成人是平等的。孩童只是不擅長表達，但心思

▎帶著孩子一起動手做一遍，比跟孩子講上十遍都來得有效。

是雪亮的。孩子的學習能力遠超過成人所能想像。可惜在中國社會傳統下，成人們總認為孩子是無知的，而沒能以尊重的態度來看待孩童的發展潛力與生命價值。

由講究多元學習、適性發展、鼓勵替代責罵的現代教育方法來看，當時的張曼琳簡直就是一個先驅者。她認為所有的教學方法、教材都應該植根於心靈的愛。她表示，學習與心靈的關係必須受到重視。教學一定要適合孩子的性情，要有彈性，要讓孩子的學習能夠成為他心靈的一個啟發。

她每次批改週記，總是從孩子的文字中發掘蛛絲馬跡。如果注意到要特別關心的，她就會邀請需要關懷的孩子一起於放學後散散步，和孩子邊走邊吃著她特地由早餐留下的花生米。「孩子想說什麼就陪她說什麼；如果不想談，我就陪著在相思林中走走，吹風看夕陽！」教育就應該是啟發孩子能夠去思考並抉擇生命意義的持續努力。

張曼琳記得有一年暑假，住在小學附近的男孩常回到校園裡頭玩，在學校圍牆下挖洞，把草坪弄得千瘡百孔。她知道板著臉訓誡孩子，充其量只會得到孩子表面上的服從，孩子心底無處發洩的精力和天馬行空的白日夢依然得不到出口。

於是她找到那兩個男孩，鼓勵他們在升旗台兩旁種樹。並約定如果到開學時所種的樹苗活下來了，校園裡的牆腳、草皮也沒有坑坑洞洞，就給他們一筆獎學金。這兩個孩子從此將漫無目的的玩樂和體力發洩，轉而悉心照護小樹，每天澆水拔雜草，早晚巡視。到了開學時，小樹果真茁壯，而兩個孩子在領取獎學金之餘，也學習到如何將自己的精力與興趣導向具有意義的行為。

張曼琳對教育的認知，在她成為聖心會修女之後有了進一步的體會：「每個人其實都是一幅天主的肖像，所呈現的是天主形象的一種表達。」耶穌基督以付出他的生命來拯救世人，因此每個孩子的人格都是值得個別珍視的。就如同第五任聖心會總會長司徒爾特修女（Sister Janet E. Stuart）所強調的：負責幫助孩子向上提升的人要相信每一個心靈、每一種人格都能更臻於完美，而不是到此為止。張曼琳姆姆說：「課堂之後，我都要反教育應該去適應個體需求，發現每個孩子的個人天賦，營造好的教學環境，讓孩子產生學習欲望，發現學習的熱情。

省自問有沒有接觸到每一個孩子的心靈？」由學生的回應、表情和作業中，找出心對心交流的品質。聖心教育著重的是學生氣質的轉化、生命的啟發。還沒有轉化的，要去開發他，已經有的，更要進一步去豐富他！

有一次，張曼琳姆姆在台北街頭被一位三十多歲的年輕人熱情地喊住，還推著機車陪她走了一段路。這個年輕人熱切地對著張姆姆表白：「出了社會，老實說做壞事的機會還真的不少，但不管怎麼樣，我就是不會去做。所以，張姆姆妳可以放心了。」張曼琳知道這是教育潛移默化的功效。教育工作者不但要付出關懷，也要引領學生建立價值觀，自我規範。「天主啊！祈求祢把我們都磨碎了，放到生命的麥餅中。」張曼琳和其他的姆姆時常如此祈禱，時時把聖心教育納入天主的省思之中。期待當其他人看到她這位修女的當下，就如同看到天主的存在一般，感受到耶穌聖心沒有條件的愛，而願意主動省察自我的良心、知道感恩，並投入於讓生命更美好的追求。

以教育為唯一使命的聖心會，每八年召開一次全球大會。來自全世界的各國修女分享她們對社會趨勢及年輕人的觀察，經過熱烈的共同討論，訂下未來八年值得進一步關注的主軸與方針。代表台灣參與最近一次在祕魯召開全球大會的張曼琳姆姆，回國後透過工作坊與台灣聖心的教學團隊進行分享。

在思考並對照台灣的教育環境與年輕人的需求後，台灣聖心團隊將這些具有時代意義的跨國教育的內涵，以切合本地運作的方式納入平日的課程規畫與執行。例如在住校生晚自習時段加入幾分鐘的祈禱時間，培養學生在面對物質世界拉扯的同時能夠反觀自心的學習態度。遍布五大洲、四十四個國家的聖心學校透過這樣的觀察、溝通、實踐與檢討，為已經傳承了二百多年的聖心教育精神，注入與時俱進的時代脈動。

對一生熱愛教育的張曼琳姆姆來說，投身具有百年教育傳承的聖心會，並持續在各個層面關注年輕人的生命發展，不僅是她自我志向的深度追求，更是榮耀天主的最佳實踐！

對於好動頑皮的孩子多找點事讓他們為大家服務；對於不愛遵守校規的孩子多鼓勵能有好的回應；而內向的學生就找機會讓他們表現，訓練他們的膽識。

張曼琳姆姆是聖心草創時期就開始服務的第一位老師，當時她剛從師大教育系畢業，選擇到偏遠貧瘠的八里和幾位姆姆們一起為聖心盡心盡力、任勞任怨。

一年後，她決定加入聖心修會。經過在國外四年半嚴格的宗教訓練，她正式成為聖心會的修女。依照聖心會修女持續自我提升的慣例，她陸續取得美國聖地牙哥大學特殊教育碩士、菲律賓勝多瑪斯大學臨床心理學博士等學位。一生奉獻給天主與教育的她，除了在聖心擔任許多職務之外，還曾任輔仁大學副教授兼輔導主任。

「一點星星之火，可以使火著起來。在那周圍的人，可以得到亮光。真神的愛也是這樣，當你有這寶貴經驗，你要傳給每一個人，你要去傳給人！」透過點燭傳光，聖心學生體會「傳給人」這首聖歌中分享與付出的內涵。

找到分享的快樂與價值

我非常深愛聖心，並感謝聖心教育讓我產生自信、快樂做自己、選擇自己喜愛的道路並快樂服務他人，這就是我幸福快樂的小祕訣！

——林碧菁

二〇一〇年三月份，林碧菁與高中同學策畫一場兩天一夜的「畢業三十週年回聖心避靜活動」。據聖心靈修中心管理主任何麗霞老師轉述，孫姆姆特別交代要好好地接待這群回娘家的校友，滿足一切需要並給予最優待的服務。所以學校特別安排學生宿舍讓這群校友重溫高中青春快樂的回憶；提供靈修中心餐廳用餐空間，讓她們再次品味學校美食及重溫飯後大家一起擠在廚房洗碗的樂趣；讓她們在獨立空間進行身心靈靜心活動及畢業三十年同學敘舊交流時間；最後更棒的是主動提供姆姆餐廳，讓這些離開聖心多年的校友有機會再與姆姆們窩心貼心共聚外燴午餐並回味聖心歲月的點點滴滴。衷心感謝天主恩典！

林碧菁回憶起她念高中時期，因功課表現普通，其他表現也差強人意，所以不算傑出，惟熱心服務特質及圓嘟嘟身材讓姆姆們對她留存點小小印象。雖然林碧菁和姆姆們的互動並不十分頻繁，不過她卻很喜歡遠遠地、靜靜地觀察著姆姆們各司其職、各盡本分地認真工作模樣，並以尊敬關愛的眼神遠觀她們慈祥的面容與開朗的笑聲，也會將她們的一言一行及犧牲奉獻精神奉為做人處世的圭臬。然而林碧菁常感疑惑，為什麼三十多年來姆姆們都不會變老，為什麼能夠永遠如少女般擁有純潔心靈？

飯後閒聊中，聽姆姆們一會兒愉悅、一會兒緊張刺激地聊起校園安全、校車安全、學生管理等故事，以及年老姆姆無力再負擔工作任務時，每天坐在輪椅上，一天會念上數十遍的玫瑰經以祈求天主保佑在校師長學生及畢業學生的健康平安而虔誠禱告，讓在座每一位同學都深受感動偷偷每個人都被賦予不同的意義和價值，因而每個人都是獨特的，要讓孩子學著敞開胸懷，接納自己並發現自己的潛能。

拭淚。因為從來不知道自己身受如此大的福分及祝福，招靜琪同學感歎地說：「我們只知道傻傻地快樂長大！」

曾慧榕同學也提及就讀聖心三年，她每天傍晚都到小聖堂報到，幫姆姆們在平日彌撒安排聖歌與吉他伴奏。她很喜歡音樂和唱歌，所以非常享受這份服務，也居然無師自通學會彈吉他。她曾經嚮往像姆姆們一樣，做陪伴聖心女孩成長的修女。所以在畢業前夕向當時的校長蔡姆姆表達，但是蔡姆姆以「修女要讀完大學」為由，拒絕了她。但是，歷經二十年世俗職場磨練的她，現在卻重拾起吉他，推展以基督徒合一為使命的泰澤祈禱。在天主教震旦中心、長老教會、全省各地與法國泰澤村，陪伴每個祈禱的心靈，特別是青年朋友。如果沒有那三年在聖心快樂的服事，就沒有現在陪伴跨教派青年的她，這喜樂是超過她所想像與渴望的。

當王是琦同學聽到姆姆們談及校園安全，所以想捐贈一批移動式監視器。此刻孫姆姆立即回應說：「學校後牆常有野狗挖洞進出校園，可以裝一支監視器在那裡讓我觀察野狗的活動。」眾人立即笑岔了氣，學校學生事務繁忙不已，但是她還不忘關懷這群野狗們，真是令人心生佩服呀！

原來即使學生離開了學校多年，這麼多細膩貼心的姆姆們還是隨時在惦念著孩子們並為大家的幸福、平安、健康而天天祈禱。林碧菁終於暸解，姆姆們這一生追隨天主，只為服務眾生而活，因此忘記自己的年齡，當然不會變老，原來這也就是長生不老祕方！

回想聖心的點點滴滴，有好多的感動和感觸，其中有一個小故事讓她畢業至今超過三十年頭仍然會印象深刻。「高三時，住在山上宿舍，每天早上要將昨晚換洗衣物裝袋送至固定點的大型洗衣籃內存放等待送洗。某天，昏暗天空飄著濛濛細雨的一個清晨，我一個人散步下山要前往上課教室，突然雨勢漸增，急忙撐傘遮雨時卻遠遠看見一位校工正推著堆滿洗衣袋的沉重大型洗衣籃下山，只見他迅速將身上的雨衣脫下來覆蓋在我們的髒衣服上以防淋雨並繼續快速前進。眼前瞬間一幕，讓我心情激動不已並深受感動。」林碧菁心情悸動、淚眼盈眶地敘述著這段故事，一度哽咽，似乎當年那一幕情景歷歷在目並再度受到感動。

「起初只是純粹受到感動而已。一則不捨他不顧自身淋雨也要保護那些即將送洗的衣物，所以心想他必定是一位被信賴的工作者，所以他尊重工作，熱愛工作，想要圓滿達成任務。二則感動於他的無私與奉獻，在無人看見也沒有掌聲的情況之下，他心甘情願默默地做著似乎是一件再稀鬆平常不過的小事，所以他必然是一位有自信的人，是一位知足的人，更是一位充滿愛心的人。三則深幸我們這一群時代新女性能夠受教於聖心這樣的真善美教育環境下，連一位校工都已經是如此的『品德兼優』，由小知大，更何況是那些全心全意犧牲奉獻的師長和姆姆們展現出的身教多於言教的聖潔美好人格典範！我們是何其的幸運和幸福啊！」

而這些感動榜樣也呼應著林碧菁目前從事的有機農業推廣志工的工作。天性親切、個性善良、表裡合一、熱心服務的林碧菁與志工夥伴們於民國九十五年成立了社團法人有機食農遊藝教育推廣協會，透過自然飲食、有機農耕、生態旅遊、生活美學及農村體驗來推廣有機生活。從小玩遍台灣的國際人林碧菁，曾在美國、日本、紐西蘭留學、工作、生活體驗多年，笑稱現在是透過有機農業來重新認識台灣。看見農友們虔誠的尊天敬地愛自然，勇於做自己並選擇自己行走的堅苦卓絕的道路，更活出自我的生命力及精采人生，還將對大地滿滿的愛化為人們的快樂儲糧，滿足人類生存的需求，那份大愛無私及那份深深感動又讓她連結回聖心校園內的那位校工的故事。

曾經有人幫林碧菁算過命，說她是「遊戲人生」命，她現在正是過著有意義（吃喝玩樂）的有機生活及志工志業。林碧菁自稱，三年的聖心教育，成就她三十幾年來的能量，因為師長和姆姆們對每個人都有著不同的期待，每個人都被賦予不同的意義和價值，每個人都是獨一無二的。就是如此寬廣無私的教養，讓她敞開胸懷，不再害怕，讓她產生自信、快樂做自己、選擇自己喜愛的道路並快樂服務他人！

林碧菁因為熱心服務，從學生時代一路擔任班級、社團幹部，領取無數熱心服務獎狀。在美國讀書時期曾任中國同學會會長，在醫療器材公司就業期間，曾任一九九二年巴塞隆納中華殘障奧運隊的全程志工、世界展望會的長期活動、行政及翻譯志工。

現職社團法人台灣有機食農遊藝教育推廣協會祕書長，從事辦理有機農業推廣教育及推廣有機生活。

學生在練習聖歌比賽的自我實現過程中，創意源源不絕，凝聚了向心力。
歡唱的同時，聖歌歌詞的內涵也融入她們的生命。

愛鼓動了希望的羽翼

我想，是因為聖心自由、開放、尊重學生的校風，給了我們比別人更開闊寬敞的空間吧，所以我們比較有自信，也有更佳的獨立思考能力和行動力。

——陳永茁

她，經歷國四班重考差一分打一下的震撼教育、高一重讀、高二升高三還轉學……。生命的多次轉折，淬鍊她後來成為最年輕的金鐘獎節目製作人、最年輕的扶輪社社友，現在，則是兩家公司的執行長。

Peggy是一個十分念舊的人，二十幾年前念聖心時教官寫給她的小紙條、行為不檢警告單（頂撞師長）、校車的時間表和路徑表、運動會的大會手冊，和一張張早已泛黃的照片，她都不可思議地完整的保留著。「可能是聖心高中那三年對我來說意義非凡吧。雖然少了一張畢業證書，每一張紙片，每一張照片都有著動人的故事，它可能是一份師生情、一份友情或一份感動，對我來說都珍貴無比。」

Peggy覺得在聖心的那段日子，如同喝到一杯好茶，回甘的好滋味，總是讓人回味無窮。她依稀記得，自己老是追著校車跑，老是被教官叫到訓導處，老是為了學校的事和師長滔滔不絕辯論著，老是和同學在校園裡嘻笑玩鬧。對Peggy來說，三年的聖心高中是一段有趣、生動、活力充沛的無敵青春歲月。

「讀聖心時，我總是不按牌理出牌，一不小心就會觸犯校規或是闖禍。我曾在午睡時和幾位同學一起溜到大學之道，大剌剌躺在大學之道上睡午覺；和同學躲在公文室吃東西被抓到，而被罰把前花園的樹移植到住宿部德賢樓兩旁。所以每次吃完飯後，我們七、八個調皮鬼都得提著水桶在澆樹；我也曾經在護理課時把模擬人安妮的氣囊吹破，害得同學沒有安

> 守護好孩子善良的本心，就算孩子一時做錯事，她們仍會感受到有人相信她們，終究，她們會學習尊重自己，並相信自己。

妮公主可以練CPR了。」

只要稍微覺得有任何不合理的地方，Peggy就會跑去跟校方據理力爭，她滿腦子想的都是為什麼那麼多事不可以做？為什麼不可以吃零食？冬天很冷，為什麼不能兩位同學擠同一張床然後蓋兩層棉被取暖？為什麼每天回家的路徑一定要一致、換校車還要到訓導處報備……等等，所以，被叫進訓導處是家常便飯。但這其間無數次的交手反而培養出深厚的師生情誼，當初最常記她過的那位蕭教官，直到現在都還常有聯繫。隨手拿起一張署名老龔教官的小紙片，上面寫著，「好好努力加油。」

有一學期Peggy擔任體育股長，一次在體育課帶操時，口令喊得太大聲了，洪亮的回音從遠方的山壁彈回來，吵到正在午休的陳宗樑校長，校長還特別走上大操場瞭解究竟是怎麼一回事。幾天後的午休時間，她就被找進校長家，師母要她朗讀「深慮論」、還親自幫她正音，原來校長和師母嘗試要開發她的另項潛能，所以對她進行一對一培訓。「聖心如同一個溫暖的大家庭，姆姆們和師長對學生來說亦師亦友。只要妳有任何心事或不滿，都可以隨時找她們吐露，她們會給妳的是一個大大溫暖的擁抱，而絕不會是劈頭責備。」如果真的犯錯，教官也會諄諄告誡，她們都相信孩子是無心之過，只要好好地溝通，一定能改過。

「犯錯其實是給孩子機會去碰撞，讓她們學會為自己輕率莽撞的行為負責，這樣她們才會警惕，才會有責任感，所以不應該剝奪孩子犯錯的機會。」這是教官日後有次跟Peggy聊天時說的話。她們希望學生能知錯後真心悔改，這樣才會有成長。

Peggy日後瞭解聖心師長的信念是：只要守護好孩子善良的本心，就算孩子一時做錯事或偏離正軌，她們會感受到有人相信、等待她們把好的特質表現出來。最終，她們會學習尊重自己，並相信自己。

高一升高二那年，Peggy因為胃疾纏身導致課業跟不上進度，數學被死當而需重讀一年。那時她本來想要轉學，但是姆姆對她說：「轉學又不能幫妳解決問題，妳還是要面對必須重讀一年的事實。妳要知道，現在妳很幸運能比別人早一點站在十字路口，有機會看到更多，這未嘗不是一件好孩子需要的不只是你把他當朋友，而是要有人去引導他，才能成長茁壯，而只有孩子在尊敬你時才會願意接受你的指導。

事。」這些話觸動、鼓舞也撫慰了她的心。

在掙扎搖擺一陣子後，Peggy想到了聖心姆姆和師長對學生的那一份堅持與執著，還有其他學校不可能找到的好山好水。一樣是需要重讀高一，她決定選擇留在聖心，這件事也給她另一種啟發：那就是面對問題，選擇逃避絕對不是個好方法，靜下心來想一想自己要怎麼走下一步會更好。

「聖心對我而言，是一場探索自我的歷練，因為聖心師長不會凡事看成績，她們更看重的是我們的品格和各方面的能力表現。這一點在升學壓力大的台灣，真的很難得。」很多人可能會想，留級生應該會過得很慘，可是正好相反，Peggy重讀的那一年，更加發光發熱，過得精采無比。舉凡學校的學生自治會、青年團契、校刊社、校史社、桌長、校車長等等，你想得到的幹部她都當了。大小活動都有她的參與，每天忙得不可開交，潛能發揮到極限，而她也從參與的各項活動中，學會了尊重團隊和全心參與。譬如，在青年團契服事，讓她學會尊重別人的信仰；擔任桌長和校車長，讓她學習到如何身體力行去服務別人並執行有效率的領導，把責任變成榮耀；參與校刊社和校史社也開發了她日後走入大眾傳播領域的興趣，並啟動了她創意的發條。

豐富的校園活動也是聖心的特色之一。「聖心完全改變了我對學校的觀念。升學不是唯一，有更多有趣的事等著我們去玩。每一天都有不一樣的目標。」像是聯考前學妹們在大學之道為學姊辦的百日誓師祈福活動、聖誕節前的小天使活動、聖歌演唱、英語話劇、還有學生自治會選舉等等。這些都可以讓大家藉由活動分享彼此的感受，把對別人的關愛發揮到最大，也在過程中學會尊重和接納，付出與服務。

Peggy認為聖心給了她滿滿的心靈果實。之後，念了大學，出了社會，她總是能懷抱著比別人更多對自身夢想的執著與熱情，對挑戰困難也能堅持到底，也懂得不斷學習新事物。這也使得精力充沛的Peggy，在職場上表現突出，二十七歲時拿到最佳節目金鐘獎，成為最年輕得獎的製作人。

「我在高中時天不怕地不怕，做什麼事都憑著股傻勁。很多辦活動時天馬行空的怪想法，校方都無條件支持，或許就是因為這樣，我才能夠靈活地舒展各種能耐，能力獲得肯定，創意獲得啟發，得到滿滿自信。」

現在的Peggy，年紀輕輕卻已領導二十幾名員工，在大眾傳播業界耕耘著自己的興趣。她表示雖然在聖心只有短短三年，但是很多潛能激發，正是在那個時期，她也發現：人生價值來持續付出，「分擔的痛苦，是減半的痛苦；分享的快樂，是加倍的快樂！」這些都是聖心教會她的事。

活躍於公關傳播界的陳永茁（陳珮琪），二十七歲就得到金鐘獎的殊榮，現在的她是普釋傳播及燦廣國際的執行長。

對於聖心她總是有很多的感謝，因為如她這般的頑皮叛逆，聖心的師長都還是不放棄地鼓勵她，教導她。她認為三年所學，讓她成長許多，而這三年醞釀的能量，也使她在之後的生活更發光發亮。

單純，是最美好的心眼

每當我想到聖心，滿腦子都是開心的事、快樂的畫面，正面積極的想法，還有關懷和分享，完全沒有一點點負面的事。

——周守民

在那個凡事都以升學為唯一目標的年代，可以不必去補習、不必天天考試，每天都過得自由自在，可以很快樂地學習，那三年真是單純而美好。

——簡靜惠

周守民和簡靜惠是聖心女中國中部的同班同學，周守民目前是國立台中護專校長，而簡靜惠是知名的明星咖啡廳的經營者，她們異口同聲說：「聖心給了她們很快樂的三年。」

周守民說，那三年想到便覺得舒服，淺藍色的裙子配上藍藍的天、綠綠的草，想到畫面彷彿就能聞得到一陣傳來的花草香；簡靜惠則說，她記得大家會在傍晚時一起跳舞，夏天時吹來微涼的晚風，然後跳累了大家就躺著看著夜空數星星，旁邊還有蟬鳴和蛙叫伴奏合聲，那三年，生活單純而美好。

姆姆們對生活教育的貫徹十分徹底。周守民記得每週五晚上，姆姆總會要住校生把鞋子很仔細地擦亮、擦乾淨，讓周六回家的她們個個整齊光鮮。一旁的姆姆還會叮嚀著：「少用一點鞋油也能擦亮，不要那樣浪費鞋油。」然後一個個親自檢查，沒擦亮就得再重擦一遍。她說姆姆對學生行、走、坐、臥都會嚴格要求，當然吃飯、待人接物的各種禮儀也被一再地提醒。生活紀律上被如此嚴謹地要求，對那時還年幼的她們而言，難免會引起小小的抱怨。但是現在自己成為一校之長，周守民對於學生的生活請告訴孩子：關懷絕對不是憐憫，而是要去尊重每個人的生存方式，要真心地去學習分享。

教育和品格教育是同等的關注。她深刻了解到品格教育的養成是要從基礎做起，並且需要有人好好地引導、不斷地提醒。她很感謝姆姆當年幾乎是隨時隨地地耳提面命。

對於小時候個性有點叛逆又凡事喜歡隨心所欲的簡靜惠來說，因為小學念的是國際道明外語學校，所以剛進入聖心時不太適應。即便當時聖心的髮禁已經比一般的國中寬鬆許多，她還是覺得被約束，認為根本不該有髮禁這種事。而住校生的許多生活規範也讓她常常心生不喜，所以三天兩頭就請父親來接她回家。

剛開始接觸姆姆時，簡靜惠老覺得她們一板一眼，又愛拿放大鏡來規範學生的生活教育，心中難免有所排斥。不過，經過了一年的住校生活，簡靜惠和姆姆們慢慢混熟了之後，她這才發現，姆姆們其實在一成不變的外表下，都有一顆很溫暖的心。對於有特別需求的學生，有時放一點水，睜一隻眼閉一隻眼地讓學生通融過關。簡靜惠了解到，一群人共同過團體生活當然會限制到個人的自由。在尊重個人方面，姆姆非常開明，在重視紀律的同時，卻還是非常尊重學生的個別差異與情緒。

簡靜惠說，自己因為小學念的是外語國際學校，英文程度比同班同學好很多，所以上起英文課難免覺得無聊乏味，常常不是發呆就是愛起鬨胡鬧。後來，學校特別安排加拿大籍的費姆姆對她進行一對一英語教學，讓她重拾對英文的學習興趣。「我和費姆姆因為這樣變得非常地親近，像這樣彈性的教學調整，便是很人性、很尊重學生的安排。」針對不同特質的學生給予不一樣的引導，協助學生找到學習的動機與熱情，這是聖心為學生著想的特別之處，也讓簡靜惠特別心存感念。

周守民則特別記得當時的國文老師兼班導師湯明昭老師。有一次老師在她的週記上用紅筆寫著眉批：星期六早上八點半在教堂門口見，一起去望彌撒。當她看到這些字有點受寵若驚，因為原本有信仰的她十歲之後就很少去教堂。現在回想起來，周守民很感謝湯老師幫她找回信仰。因為有了信仰才能讓她的人生道路走得踏實和真誠，也讓她在教育這條路上堅持且無悔，用更豐富的生命體驗，去傳達並分享天主的愛和聖召。

要幫孩子找到學習的熱情，所以對於不同特質的學生要給予不一樣的引導。

高中聯考後，周守民考上了景美女中。一走進景美女中的校園，看到一大堆的學生、老師，周守民突然想念起人數少少的聖心。聖心因為班級少，全校同學老師彼此都很熟悉，加上住校天天生活在一起，感覺就像一家人一樣親密。當時的周繼文校長常常陪她在校園中散步，並經常鼓勵她，和她談心。所以一到了景美女中，她第一個想到的是：要讓校長認得這麼多學生應該就很不容易，更別說要跟校長一起散步聊天了。往日和師長沿著大學之道談天說地的回憶，成了她最大的思念。

「每當我想到聖心，滿腦子都是很開心的事、很快樂的畫面，正面積極的想法，還有關懷和分享，那三年的時光過得真好。」周守民說每次老師或姆姆帶她們坐渡船到淡水去探視醫院的病人或安養院裡的老人，大家都會在渡船上大聲地唱著歌，伴著夕陽餘暉，加上鹹鹹的海風，那個美麗的畫面深深刻在她腦海中，每回想起心頭都湧上一股溫暖的感受。學校教導她們要付出、要捐獻、要關懷，要用小愛去凝聚成大愛，哪怕只是一點錢、一點米、一首歌、或一份心意，只要懂得付出就能成就全世界。關於

「愛與分享」這一點，聖心給她很多珍貴的體認，讓她知道那是一件有意義的事。而關懷絕對不是憐憫，而是要更體貼地去尊重每個人的生存方式。德蕾莎修女說過一句話：「愛無法單獨存在，它必須靠行動去傳遞，而最好的行動就是去服務。」這些願意去分享和服務的道理，在聖心姆姆的身上展露無遺，更是姆姆們教導學生的中心思想，「每個人都跨出一小步，便可以成就一大事。」

簡靜惠在聖心初中三年後，跑去念美國學校，然後就出國念書。她覺得聖心的教育觀念很有彈性，走在時代的前面。在那個凡事都以升學為唯一目標的年代，她可以不必去補習、不必天天考試，每天都自由自在，過著快樂的學習生活。由聖心畢業後，發現自己的表現並不輸給那些天天啃書惡補的人。「我沒有真正讀過所謂填鴨教學的學校，但我知道被尊重是什麼樣的感覺，我很感謝一路走來的學校，都是用開放的心去對待我們，寬容我們並尊重我們。」

周守民說：「我還記得有位岳偉利姆姆在上第一堂課時，帶著甜甜的

> 教導孩子愛必需靠行動去傳遞，而最好的行動就是去服務，願意去分享和服務，是一件美好的事。

笑容出現在講台，然後不疾不徐地在黑板上寫了幾個大字：做自己的主人。」那幾個字給當時只有十三歲的小女孩很大的震撼，也影響了她一輩子。從那時候開始，她就認定自己這一生的目標就是「要勇敢地做自己的主人」。

周守民形容自己很喜歡聽志工譚媽媽說聖經的故事，那些故事怎麼聽都百聽不厭，每次都聽到忘我。簡靜惠則是愛上體育課和美術課，她很感謝陳姍姍老師總是用讚賞的眼光去欣賞每個學生的作品，引導大家愛上藝術、愛上創作，讓學生的創意能量源源湧現，成就感十足；而那些傍晚跳土風舞的音樂也常出現在簡靜惠腦海中。周守民印象中也有一個姆姆的百寶冰箱，裡面有好多世界各地來的點心和食品，可能是那時姆姆來自各地，家鄉味可以為她們一解鄉愁，周守民記得有時姆姆會打開魔法冰箱邀請她一起品嚐，在打開冰箱時看著五彩繽紛食物的瞬間，她總是感受到姆姆對孩子們特別的關懷與用心。

即使過了幾十年，聖心三年的點點滴滴都讓她們十足懷念，周守民說聖心每個老師和學生都朗朗上口的一句話：「即使是為了一個孩子的幸福，我也要創立聖心會。」這是聖心會會祖聖瑪德蘭・索菲當初創校的信念，如今已經成為周守民走在教育這條路上時時提醒自己的一句話。

周守民現為國立台中護專校長，她非常注重學生的生活教育和品格教育，她很感謝聖心在這一方面給了她最好的教養，讓她能傳承給學生，也讓她為自己的教育使命感到榮耀與幸福。

簡靜惠從國外回台，現在經營父親一手創立的「明星咖啡廳」，聖心三年讓她得到很民主的對待，獲得珍視與尊重，這些都影響她生命至深。

Chapter3

信任與寬容——以尊重爲本的教養智慧

沒有條件的接納和承擔

「被全心接納」的感受會陪伴我們一生，激勵我們成為一個更有自信、尊重自己特質且努力活出生命價值的人。

——王先逸

四月份才從馬爾它參加全球聖心校友大會的王先逸，對於能參加每四年舉辦一次的大會，十分開心。她說：「來自世界各地的聖心人齊聚一堂，大家雖是互不相識的陌生人，但卻能很快地打成一片，分享著一種似曾相似的熟稔。因為我們雖然有著不同的文化背景，但來自聖心教育的共同理念與相似體驗，形成一種特別的默契與瞭解，這種凝聚力很奧妙。」究竟是什麼樣的教育理念與經驗能如此吸引著這一群人？在畢業三十年，甚至五十年後還對自己的學校念念不忘，而且不只是與本國校友交流，還擴及來自三十四個國家的校友們持續著四年一次分享趨勢觀察與教育傳承的國際校友大會。許多校友都有一個共同的使命感：將聖心教育的精神傳承下去，希望更多的孩子受惠於聖心教育。

王先逸說聖心帶給她的是一個很不一樣的人生，在升學主義掛帥的那個保守年代，因著聖心，讓她可以不受到外界的升學壓力影響而紮實地往自己的興趣去學習，學到為興趣而快樂地讀書，而不是為聯考而讀。同時也學到許多比「爭取高分」更重要的事。她找到自己的方向和信心，更體驗到施比受更有福，這些都是單靠教科書教不出來的人生「視野」。

「聖心就如同一個心靈守護者，用『以愛為本』的教育理念，不設限地讓我們盡情成長，教導我們要有正確的價值觀，要以真誠去關懷周遭的人，凡事與人分享，還要努力去追求夢想。」這是王先逸在聖心六年最大的收穫。

在聖心，姆姆和師長會把「人」的價值放在第一位，而且重視程度遠

▎培養孩子具「自我承擔」的精神：積極、自發、主動，對團體有貢獻。

遠超過成績。「不是說成績不重要，而是分數絕對不會是師長看重你的因素。」所以沒有人會因為成績不好而自卑，因為除了課業之外，聖心同樣看重學生在其他方面的天賦和努力。姆姆和師長就常告訴學生：「妳們每個人都是特別的，獨一無二的。妳可以依著自己的專長去發揮，而不需要去符合其他人的期待或是跟著別人人云亦云。你可以做你自己，每個人都應該受到尊重。」

聖心的師長和學生的距離很近，在一般的學校，學生可能會因為老師以成績幫學生貼上標籤而畏懼老師，但是在聖心，學生不怕老師，因為老師不會是只看成績的勢利眼，反而會想盡辦法在各方面去鼓勵你。因此在聖心，就算成績不理想，也不會被看輕或被放棄，因為學生們有許多的機會在其他方面去學習與發揮。「被全心接納」的感受陪伴她們一生，激勵她們成為一個更有自信、尊重自己特質且努力活出生命價值的人。

王先逸說學生時期她的英文成績並不理想，她是住校生，常在周一返校途中碰到住在附近的英文老師張潯兮，張老師並不會因為她的英文成績不好而對她另眼看待，反而不時地問問她覺得英文難在哪裡？試圖瞭解她學習上的盲點，針對問題提供她學習英文的一些小祕訣，告訴她英文並沒有想像中那樣難。漸漸地王先逸對英文的態度不再排斥，因為老師並沒有因為自己成績不好而貶低她、放棄她，反而一直用心地鼓勵她。

「這種對學生的尊重與真心關懷，在聖心師長的身上常常看得到，這是裝不出來的。」而這些關心慢慢地會轉換成師生間的一種信任感和默契，所以聖心的師生關係十分緊密，因為師長會對學生打開心門，學生也可以對師長暢所欲言。

王先逸還特別感謝一位生物老師，當時初三的她，很欣賞新上任教初一生物的陳景亭老師。這位老師年輕、有活力、教學又十分熱忱，雖然並不是她的科任老師，但是王先逸一有空就會去找陳老師問問題。陳老師也借她很多有關生物方面的書，多方開展她生物方面的視野。她最記得老師曾對她說：要為自己設定高的學習目標，要把眼界放遠，要熱情地去擁抱自己的興趣，而且要有毅力堅持到底。這些話對當時的她是一個前進的動以開放的心傾聽；以信任的態度溝通；以積極正向的眼光，欣賞發掘每一個孩子的潛能。

力，因為老師讓她知道能找到自己的興趣是一件多麼幸運的事，而堅持追求理想與興趣又是一件多麼勇敢且有意義的事。

對熱愛生物的她來說，「聖心校園本身就是一個渾然天成的自然教室，它孕育不少生態，昆蟲、鳥類、原生植物也非常豐富。我老愛在那邊觀察這些可愛的小生物、小植物，夏天時把蟬的幼蟲抓了放到教室紗窗上，一邊晚自習一邊看著它們蟬蛻變成一隻翅膀伸展、叫聲嘹亮的蟬；或是下課時間跟著青蛙的腳步去校園林間深處探險；和同學一起偷摘校園裡的木瓜、桑椹，玩得不亦樂乎。」王先逸說自己對生物的啟蒙來自於聖心，那些蟲鳴鳥叫在她聽起來如天籟般悅耳，她常聽到心底深處那個呼喚自己的聲音，不斷地對自己說：要做就去做喜歡的事。於是，她一直在生物領域持續投入，從東海生物系、加拿大的博士深造到現在國家衛生院的研究工作，王先逸覺得聖心自由、開放和尊重學生的學風，培養了她在生物研究路上堅持到底的毅力。

在國外待了十八年的王先逸，在五年前得知陳景亭老師去逝的消息，心中十分難過不捨，毅然決定回國。她想要傳承老師對學生的那種啟蒙與鼓勵，用自己的生命去影響學生。「如果不是聖心教育鼓勵學生發揮自己的專長去追求自己的理想，以那時數理總是不及格的爛成績，我可能不會堅持去念理組的生物。」

「願意分享」是王先逸在聖心學到的另一件重要的事。她說不論是在姆姆、師長或校工等人身上都能學習得到。在聖心，很多活動都是在傳遞這樣的理念。姆姆無時無刻地關心學生就是「愛的分享」；師長願意付出所學是「學習的分享」；同學間彼此幫助扶持是「互助合作的分享」，每年園遊會募款幫助需要的人是「服務與關懷的分享」。

「由於我是住校生，團體生活更能讓我們去瞭解分享和服務的真諦，每每看到姆姆對學生的無私付出，身為被關愛的我們，自然而然也會對別人付出關心。」學會分享對聖心人來說是一件再自然不過的事。

姆姆們的言行身教常在學生心中留下深深的印記。王先逸記得初二時，有次看到姆姆居然是用洗衣服的水晶肥皂來洗手。這個小事深深地刻教育孩子時，要以無窮盡的愛、耐心、包容與學生溝通，協助孩子發覺自己的天分，藉著教育過程中的互動而成長。

入了王先逸的心中超過三十年。她記住了姆姆的刻苦犧牲！而姆姆勤儉自持的原則也就如此影響了王先逸往後對物質生活的期待。

有一次王先逸半夜胃痛，忍了一夜後，早上在床上剛坐起就吐了滿身滿地。管宿舍的姆姆一句責備都沒有，只是細心地照料她。當她看著蹲在地上默默清理嘔吐物的姆姆背影時，心中非常感動，當下體驗到犧牲與奉獻的心竟然可以如此無私無悔！而這也成了王先逸日後在工作及教會為人服務時的自我期許。

「在聖心，我們從日常勞動服務中學會：要勇於承擔，勇於服務，不要計較誰做得多。」這個觀念一直影響著王先逸，日後不管走到哪裡，沒人要做的苦差事，她常會主動去做。她會想：我不做的話誰會去做呢？多做一點又有什麼損失？「我們做某些事是因為它是正確，值得去做，而不是因為它可以為我們加分或是從中得到好處，不必先去權衡利益得失。」這些觀念都是聖心給她的人生智慧，讓她知道有些事或許只是出一點小小的力氣去幫忙，可是卻可能為別人帶來不一樣的改變。

「我們是聖心女中的小佣人，一天到晚洗碗盤……」洗碗時大家總會哼唱這首學姊傳唱下來的「洗碗歌」，王先逸說想必這首歌會被學妹們一直傳唱下去。從二百年前法國的第一所聖心學校，到如今已經五十周年的台灣聖心，聖心人真誠接納、勇於承擔與樂於付出的精神，從姆姆師長們的點滴關懷就這樣傳遞給了在聖心成長的每個孩子，成為最動人最美好的傳承。

王先逸目前是國家衛生研究院的助理研究員。初中時就立定目標要往生物研究領域發展，喜歡攝影的她，在很多聖心活動中都可以看到她手拿相機補捉畫面的身影，而每次回到學校，她都會忍不住的一直按快門，她說，有太多甜美的回憶在這裡，每個角落的一草一木，都好讓人懷念。

用心看見孩子

即便是責備，也可以用溫和的話語取代辱罵，用鼓勵的方法取代嘮叨，讓孩子知道你有多愛他、多關懷他，一切就會變得不一樣，這樣不是很好嗎？

——周謹明姆姆

操著北京口音，灰白短髮，一襲棕色裙裝的周謹明姆姆，像極了兒時眷村鄰家奶奶的模樣。她巍巍顫顫地站起來，直說著：「你們不要緊張啊！我的關節不好，得聽它的話。它要想動，我才能順著它動；它若不想動，我就得等它。」聽自己身體的聲音是周姆姆目前正在修練的功課。

周姆姆回憶在聖心早期，自己剛開始擔任訓導主任時，常得要板起面孔訓斥學生。她坦誠地說：「一開始我是走嚴厲路線，當時因為自己還沒學過教育學，所以只能用曾經學到的前人經驗來做，一開始我是挺兇的哦，學生都很怕我。但是其實自己老是對學生兇會讓我心裡不舒坦，我覺得教學生應該有更好的方法，而不是要他們怕你，怕只是讓他們更不敢親近你。」

經過一段摸索期，她慢慢地學習，並改以「愛」與「信任」為主的方法去對待學生。這下她才發現，教育可以是溫柔、理性的，她說，「尊重學生，讓學生自發性地知錯能改或自律自重，才是教育的意義。」

「要知道孩子需要的是教導和引導。如果只是形式上或規矩上的表面服從，而不是打從內心深處的服從，並不會長久，他們可能會一再地犯錯。我覺得有一些細節上的規範不應該被當作是重點，也就是說，教育的大方向要很精準，而小細節上並不需要去吹毛求疵。」她說有時自己也會對部分校規睜一隻眼閉一隻眼，因為她相信孩子多是無心之過，有的只是想衝撞體制。

發自真心地去發現孩子的好，找到孩子善與真的那一面。

「我認為要發自真心地去發現孩子的好，找到孩子善與真的那一面。不要什麼都先看到負面的那一面、有缺點的那一面。小孩都有很多正面能量等著被我們發掘，千萬不要錯估或低估孩子。」

周姆姆表示，對於過於好動頑皮的孩子，就多找點事讓他們為大家服務，讓他們發揮充沛的活力；至於那些不愛遵守校規的孩子，則多半有著愛冒險、外向又活潑的個性，只要多鼓勵他，通常也能有好的回應；而比較內向的學生就找機會讓他們表現，訓練他們的膽識。

多去欣賞每個孩子正向的特質，多去認識他們就一定能有所瞭解，就一定能發現他們不一樣的潛質。

周姆姆說，尊重孩子並不表示不能責備孩子。孩子本來就需要父母師長的教導，適當的紀律和管教還是必要的，因為這樣才能讓孩子有機會學習到正確的價值觀和行為的準則。「但是責備可以是用溫和的話語取代辱罵，用鼓勵的方法取代嘮叨，讓孩子知道你有多愛他、多想關懷他，一切就會變得不一樣。」

周姆姆一步步在教育的路上慢慢前行，當她檢視自己的夢想後，發現內心最深的渴望是想要為更多弱勢的人們服務，她希望能幫助和關懷弱勢族群。就這樣，濟弱扶傾、正義感十足的俠女氣概鼓動周姆姆走上一條需要堅持不懈而資源短絀的社會工作之路。

這位終生奉獻給天主的修女開始走進婦女職業訓練所，開課主講「兩性教育」，教導職訓所中的女孩如何懂得愛自己、尊重自己，並且諄諄誘導她們理解什麼才是真正的「女性自主」。

「這一點無庸置疑，女性不該是社會上的弱者。相反地，女性應該要更無所懼地展現出自主性和獨立性，要打破兩性間不合理的限制。女性在各個領域都應該得到更多平等對待和尊重。」周姆姆在很早之前就告訴聖心女孩這些兩性應該平衡的道理。

此外，周姆姆還深入少年觀護所，積極輔導因為一時衝動而犯錯的少年、少女，為此周姆姆成立了青友中心，號召一批社工和她一起投入這份需要十足韌性、永不放棄希望的社會工作。

| 小孩都有很多正面能量等著被我們發掘，千萬不要錯估或低估孩子。

「這樣的努力，是想為許多迷途青少年開啟另外一扇窗，也給社會注入一股穩定支持的力量。這些孩子其實都很聰明，只是精力無處發洩或誤交損友而成為迷途羔羊，好好地引導他們往善與真的方向走，一定能改變他們。永遠不要放棄他們，必能導正他們。」她說以前在聖心也會碰到一些特別頑皮的學生，她那時就發現這樣的孩子特別有想法和自我主張，資質都不差。只要導正一些觀念後，再給他們機會發揮才能，也引導他們把成就感轉為責任感。如此，孩子往往會有意想不到的改變，而出了社會之後，這些學生往往更有成就。

周姆姆在輔導和教育孩子的過程中，一再強調要想辦法讓孩子們「認識自己」，因為了解自己之後，就能欣賞自己並進一步自我培養才能。雖然也曾遇過輔導期間個案表現良好，但一離開觀護所卻重蹈覆轍的例子，著實令人氣餒，但是她總相信鍥而不捨地做，就會多一點機會點醒孩子。

很多人都勸周姆姆該退休養老去！但她心中一直惦著後繼無人，擔心一旦放手，青友中心的輔導工作就要停止，對那些需要拉一把的孩子們，她心中有好多的不捨啊！所以至今周姆姆仍堅持住在青友中心，維持領導中心的事務運作。

她說：「教養是不能等待的事。就像是一場馬拉松賽跑，要靠熱忱和永不放棄才能持續長久。所以能幫孩子多少，就幫孩子多少吧！指引他們對的路、正的路，再辛苦都一定值得。」

台北青友中心進行的工作包括台北少年觀護所每週定期的輔導、台北少年法庭假日生活輔導、南投原住民高風險家庭重整系列活動、八里鄉新移民輔導與課後照顧服務。

周謹明姆姆所做所想只為有需要的人，儘管獨立募款困難，須以計畫方式爭取聯合勸募協會的審查補助，但周姆姆依舊是雖千萬人吾往矣！

在祂內有生命，這生命是人的光。光在黑暗中照耀，黑暗決不能勝過祂。

若望福音第一章4-5節

無私溫暖的幸福擁抱

無論外面的世界如何變化，風雨如何的大，聖心永遠都會敞開溫暖的手臂對我們說：歡．迎．回．家！被溫暖對待的幸福感，不是只有在就學時才感受得到，畢了業後，時間越久，總是感覺越幸福。

——吳玥玢

大學畢業那年，吳玥玢對未來感覺有些混沌不明，她回聖心拜訪姆姆，剛好有機會陪著陸琮姆姆出去探訪校友。

搭公車、坐渡輪、再轉公車……，這時她才知道，原來姆姆們出門一趟要這麼辛苦。而陸姆姆每次總是至少安排兩至三所大專院校，每到一所學校，她就會把握時間跟校友們聚聚聊聊，看看她們過得好不好、有沒有需要幫忙的事。這樣往往出門一天，便累得筋疲力盡，可是陸姆姆卻從不曾抱怨，還是定期在做這件事。因為在姆姆的心中，學生無論畢業多久，都還是聖心的孩子。

「我想知道大家現在過得怎麼樣，有沒有好好讀書、好好吃飯、好好生活。」陸姆姆講這句話時，堅定的眼神閃閃發亮著，內心的那份期盼如此殷切。吳玥玢體認到：愛是永遠也不會停歇，愛就是把別人常記在心裡。也是因為聖心這樣的愛，讓她在迷惘、疲倦、無助時，第一個閃過的念頭就是「回聖心」，到淡水河畔那個山腰上可愛的家走走。

「那就是像是為人父母一樣的心情。每個校友回來，我從來不問她們讀到甚麼學位，在哪裡高就。家庭主婦也好、總經理也好，在我的眼裡，都是一樣的。我真正關心的是她們過得好嗎？真的快樂嗎？這樣就夠了……」有一次，吳玥玢忍不住問孫姆姆，聖心到底有什麼獨特之處，讓她們這些畢了業的學生朝朝暮暮地思念不已，孫姆姆如此回答。

的確，無論外面的世界如何變化，風雨如何的大，聖心永遠都會敞開

> 讓孩子享受自由，但自由是有限度的，必須要有合宜的規範來引導孩子的言行舉止。

溫暖的手臂對學生說：「歡・迎・回・家！」

回想十二、三歲的吳玥玢，正值青春年華的她可是一點也沒把聖心當成自己的家。個性調皮搗蛋，有些叛逆的吳玥玢，是姆姆們心中需要特別關切的學生，在聖心六年，不知闖了多少禍。

她記得初三快畢業時，經常跟同學聊到晚上熄燈後，還意猶未盡，根本不想上床睡覺。有一晚，月明風清，她乾脆把窗戶打開，整個人趴在窗外的棚子上跟隔壁的同學夜聊。就這麼巧，被姆姆看到了。第二天，吳玥玢和同學被「請」去見孫姆姆，孫姆姆用很堅定的語氣告訴她們：「一人一個小過！誰也跑不掉。」當時距離畢業只剩兩個星期，吳玥玢有些懊惱，深怕自己畢不了業。

兩個星期過去後，她順利畢業，什麼事也沒發生。吳玥玢忍了幾天，按捺不住情緒，跑去問姆姆到底怎麼回事。孫姆姆只是平靜地告訴她：「學校真的很愛妳們！妳們每個都是家裡的寶貝，學校不能有所閃失，萬一妳們從二、三樓摔下來，後果不堪想像，妳們的行為是不對的。我希望妳們知道本來妳們會得到怎樣的處分！」吳玥玢這才明白姆姆一方面需要管教她們，一方面又不希望她們在畢業前留下一個紀錄，這當中的斟酌衡量所費的苦心。

日後，吳玥玢引進蒙特梭利到台灣，自己當了幼稚園園長，才深切明白孫姆姆的用意。辦學校要承擔的壓力之大，絕非一般人所能體會。孫姆姆想要學生了解的是：享受自由雖是應有的權利，可是真正的自由是與責任相隨的。

高二的時候，吳玥玢是學校裡十四個念數理組的成員之一。當時她們自視甚高，覺得學校應該特別看重她們，因此搞了一場轟轟烈烈的小學運。事情的起因是，她們不太滿意新任數學老師的教學法，於是吳玥玢發起簽署了一封十四人的聯名信，直接「上書」給校長孫姆姆，想要「罷免」那位老師。

當時，她們的舉動震驚全校，不過現在回想，其實那位老師認真教學，只是不得其法而已。孫姆姆看了聯署信之後，仔細聆聽了她們的理

｜讓孩子們學會為自己的輕率莽撞行為負責，因心生警惕進而能培養出責任感。

由，也去徵詢各方意見，並且試著和數學老師溝通。經過多方評估之後，採取了一個讓雙方都能接受的辦法。

今天的吳玥玢比起少女時代成熟歷練多了，回想起這件事，覺得年少時有表達的勇氣，也有魯莽之處。感念的是姆姆聆聽的態度，處事的周全，這些都讓她銘刻於心。

除了孫姆姆的智慧讓吳玥玢獲益良多外，其他姆姆們的包容與關懷，也讓她念念不忘。吳玥玢記得：有一次加拿大籍的費姆姆上英文課的時候，從袖子裡拿出一個超大的棒棒糖，想來是她的家人從家鄉寄給她的禮物，她要請全班同學分享。費姆姆做出「噓」的手勢，然後還幫忙把風，好讓同學在教室裡剝著棒棒糖吃。教室裡一向是不能吃零食的，不過費姆姆卻瞭解學生的心，所以偶爾也會破例。

還有，天氣冷的時候，韓國姆姆看大家賴床不肯起，會掀起每個人被子的一角，摳摳大家腳底板、搔搔癢，好讓她們不得不爬起來；每次傍晚掃地時間，吳玥玢都會偷溜到後面的山上玩，或者爬爬果樹，或是跟同學追逐，玩到最後一刻再衝回教室前，這時總有姆姆「守候」在教室走廊前，提醒同學把鞋底弄乾淨後再走進教室，然後還會對一切緘口不言。「對我們這幾個野丫頭，從來沒有責罵，取代的卻是關懷的眼神和行動，這些都讓人覺得好溫暖。」

而這樣的幸福感，不是只有在學校時才感受得到，畢了業後，時間越久，吳玥玢越是感覺幸福。她記得，自己美國進修回來那年，因為不滿意自己第一次公開演講的表現，又獨自跑回聖心一趟。孫姆姆一看到沮喪的她，什麼也沒問，只是聽她盡情地「倒垃圾」。不知訴苦了多久，吳玥玢終於停了下來，孫姆姆才細聲細氣地問：「那……還有嗎？沒有的話，我們就一塊兒去吃飯吧！把不愉快都先暫時拋到腦後面哦。」

「妳們每個人都是天主的寶貝，不管以後妳們到哪裡遇到什麼困難，姆姆都會衷心為妳們祈禱。」「你們每個人要走的路都不一樣，所以一定用更開放的心去接納不同的事物，聽不同的聲音，這樣才會成功。」「幸福就是做你自己想做的事。」就是這樣，不說太多大道理，只是傾聽和關心，就足已形成強大的吸引力，緊緊牽引著吳玥玢和像她一樣數不清的聖心校友們，一而再、再而三地想要回來重溫那種溫暖的擁抱。

四十多年來，聖心是吳玥玢心中永遠的家，給她源源不斷的愛。因著這股愛的力量，吳玥玢也建造了一個被家長們形容為「以生命來教學」的幼稚園。

近二十年來，「理想園」孕育了千百名兒童。這個家簡樸而溫馨，沒有華麗的裝潢，沒有花俏的家具，只有吳玥玢和幾位用心的老師，守護著每一個小主人。理想園不止是一個上學的地方，它，是孩子們的第二個家。

小草也要挺直腰

是聖心教會我——即使在惡劣的環境中也一樣要保有純真樸實的心；即使遇到逆境也要保有一顆永遠都知道上進的心；即使只是路邊的小草，也要挺直腰去迎接風雨。

——施小玲

曾經是跨國大企業的高階主管，現在擁有自己成功的事業和兩個聰明乖巧女兒，然而施小玲似乎心中仍有一個小小的遺憾：沒能在聖心繼續念高中。

由於姊姊施珊珊早她兩年進聖心，因此施小玲一直認為讀聖心是天經地義的事，而且，也要像姊姊一樣讀上六年。

不過，剛進入聖心初中部時，怯生生的她並沒有馬上融入環境中，她不太喜歡大家都只知道她是「施珊珊的妹妹」。由於姊姊施珊珊是學校風雲人物，所到之處都是焦點所在。相形之下，膽小的施小玲覺得自己遜色很多，所以，她總躲在遠遠的角落，用不在乎的外表偽裝內心的脆弱。

施小玲把自己的心思與關注轉移到聖心漂亮的校園景致。她常常「神遊」在花草樹木、小鳥蝴蝶之間，對於身旁的人與事，反而不太在意。

直到有一天，天氣很冷，她如同往常一樣，獨自一人躲在角落觀看著同學跳土風舞。忽然，有一雙溫暖的大手，從背後靠近握住了她的小手。瞬間，她的全身像是有股暖流經過，不再感覺寒冷。

那雙手，一直緊緊握著她。那個人，只是帶著淺淺微笑，默默地站在她旁邊，陪她看完全程表演。直到今天，施小玲都無法忘記袁姆姆那雙溫暖的大手，也就是那雙手讓她對聖心的感覺，逐漸加溫，不再漠視這個美麗的學習殿堂。

姆姆們吃什麼、做什麼，總會引起施小玲的好奇。她最喜歡在早自習勿因細數自己的不足而沮喪，要以信、望、愛仰望天主，發掘心靈中的財富，因它將傾注於空的器皿中。

的時候，豎起耳朵聽她們唱詩歌。其他同學埋頭苦讀的時候，她則浸淫在姆姆們悅耳的聖樂中，彷彿置身天堂般；她也開始喜歡校園裡的聖母像，經常自己摘小紅花做成花環獻給聖母。心情不好的時候，小聖堂成為她可以「投訴」、傾吐的幽靜所在。

施小玲喜歡看著姆姆祈禱和擁抱學生時不同的手勢和姿態。她發覺，姆姆們與學生的距離，其實是很近的，沒有距離。記得有次全班去淡水溜冰，胡姆姆也跟著一起學溜冰，只不過很有「創意」地在屁股上綁了一個大枕頭，以防自己摔跤。還有同學們住校想家的時候，會先吞下熱開水，然後急忙跑去找姆姆量溫度，騙姆姆自己發燒了，要回家休息。施小玲也如法炮製過幾次，成功矇騙過姆姆，然後暗自喜孜孜，卻還要硬掩飾住心中的不安，裝出不舒服的樣子隨媽媽回家去。

現在想起來，其實姆姆怎麼會那麼容易就被騙倒呢？說穿了，只不過是了解孩子們想家的心情，睜一隻眼閉一隻眼罷了！

聖心的好，不止是反映在姆姆身上，也洋溢在活力十足又優美的校園氛圍裡。聖心的校風自由開闊，總是看得到校園中有人在唱歌、有人在朗笑、有人蹦蹦跳跳、有人高談闊論、或是在風景如畫的校園中散步或沉思。

每天清晨四、五點鐘，在宿舍裡就可以聞到陣陣香氣，一顆顆熱騰騰的饅頭，都是廚師伯伯們親手和麵揉擀出來的；接近年尾時候，全校會玩小天使遊戲，學習默默幫助、關心別人。到了聖誕夜小天使身分揭曉了，大家便齊聚一堂，喝著熱可可，開心地拆著禮物；還有寢室佈置比賽也十分讓人難忘，因為大家總是想盡辦法利用手邊現有的資源，極盡巧思，來點綴自己的小天地……

本以為，這樣的歡樂，可以延續下去。但是高中才剛註完冊，媽媽突然要求施小玲轉念銘傳。她佯裝堅強點頭同意，可是心中卻想哭得要命。

因為父親的事業經營不善，家中經濟陷入困境，如果自己能早點出社會幫忙家計，應該有所幫助。面臨家變，施小玲一夕之間長大，不但在銘傳的功課突飛猛進，英文連續五年保持第一，下了課還做家庭代工、磚窯女工、發廣告傳單小妹……。在聖心無憂無慮的日子只能偷偷留在心中緬懷，她咬緊牙關，努力向前走。

記得要離開聖心時，姆姆拍著她的肩膀說：「別放棄夢想，在絕望的谷底，往往會看到希望的彩虹，轉角之處，往往就會藏著驚喜。所以妳一定不能輕言放棄。不管到那，我相信妳都可以做得很好。」

所幸，聖心三年的教育，像是在施小玲身上播種一樣，經過時間的洗禮，逐漸萌芽、開花、並且茁壯。施小玲並未被家中的劇變擊倒，她慢慢地擺脫命運，轉化、蛻變，並且重生。

銘傳畢業後一路從總機、小職員……做到跨國大企業的主管，也幫助家中弟妹順利完成學業。在她的內心深處，一直都掛記著學校的姆姆，姆姆的愛是陪伴著支持著她的那股動力。她內心常有個聲音：「我一定要成功地回到聖心來！」她想要讓姆姆看到她的蛻變和努力，她不再是那個怯弱躲在角落的小女孩，而是一個成熟、堅強、能幹的時代新女性。

她想大聲告訴姆姆：是妳們教會我，即使在惡劣的環境中也一樣要保有純真樸實的心。即使遇到逆境也要保有一顆永遠上進的心。即使只是路邊的小草，也要挺直腰去迎接風雨。而這些她都做到了。

在畢業三十一年後，施小玲牽著女兒的手回到聖心。大女兒羅俐麟、小女兒羅俐欣，陸續成為聖心第四十三、四十四屆的學生。兩人就讀聖心六年的時間，不但品學兼優，也積極參與各種活動：話劇、運動會、園遊會、自治會……。施小玲和先生也都陪著女兒盡情地在聖心快樂學習、自由成長，給予「最好的讚美、最好的鼓勵」。全家就這樣毫無保留地愛上了聖心。

從「施珊珊的妹妹」，到「羅俐麟、羅俐欣的媽媽」，施小玲歷經了多變的人生，而支持著她的就是聖心給她的品格教養，以及姆姆毫無保留的愛與關懷。一路走來，施小玲深深體認到孫姆姆對她所說的一句話：「每個人都是上天賜予最好的禮物！」

施小玲不止是讓女兒念聖心而已，自己也真正地回歸聖心，擔任義工媽媽長達七年，她不但不覺得事多繁雜，反而覺得自己是把過去沒享受到的，一點一點慢慢補回來。前三年她負責圖書館的新書介紹，她發揮創意與活力，把原本簡單的文字敘述，進化為動畫式的介紹，讓年輕學子更加喜歡去親近書本，學校並因此而得到教育部的肯定。

彌撒，不僅僅是儀式，更是自我與天主的內在對話。在靜默與禱詞中，覺察到自己的有限、學習謙卑地自我反省、聆聽聖經的智慧教導，虔誠地為他人祈禱並歡喜地互祝平安，也傳揚福音，傳揚天主的愛。

從心靈深處的聲音開始

原來，安靜可以是一種如此美妙的聲音。對我來說，這是從不曾有過的感受，學校的整體氛圍感染了我，我喜歡那種寧靜、平和、聖潔的宗教氣息，它帶給我前所未有的安定的力量，讓我可以靜下心來，仔細去聆聽心靈深處的那個聲音。

——張家敏

張家敏在聖心讀了六年，她說聖心帶給她的最大收穫是個性上的轉變——她學會聆聽自己內心的聲音。這給了她一個不同的人生視野，讓她戰勝恐懼焦慮，更有勇氣去追求自己的夢想和希望。

她用「衝動」和「躁動」來形容青春期時的自己，也就是脾氣不好、情緒管理有問題。「我還年輕，心情還不定……」這歌詞便是張家敏當時的寫照，那時不太懂事，很多學校的規定她都不太理會和遵守，這讓她成為輔導室的常客，教官和老師三不五時就找她去「聊聊天」。

「聖心雖然在許多校規上非常嚴謹，但是對於不遵守規定的學生在管理上卻又很人性化、很有彈性，你看不到師長聲色俱厲的斥責，反之，是輕聲細語和講道理的『柔性勸導』。」她說被輔導是家常便飯，家長也被約談過很多次。

輔導室老師要她把不滿的情緒表達出來，譬如，把它寫在本子上，講出來，或是記錄自己的情緒等等，目的是要她們去瞭解深層的自己、認識自己。「我大學讀的是特殊教育，那時才深刻瞭解到，當時學校是很用心在幫助學生，要我們學會『情緒管理』。」

剛開始張家敏並沒有強烈意識到情緒是妨礙著她前進的阻力，不過現在想起來，真的多虧老師點醒，她才能走出心中的障礙。

張家敏回想，初中時總是衝動、充滿負面情緒，可能是跟剛上初中時

| 允許孩子在錯誤中修正、成長，溫柔堅定的要求、引導，培養生活紀律。

課業成績不佳有關。由於國小時期的張家敏是品學兼優的好學生，學業成績都是名列前矛，但是剛上聖心時，成績卻滑落成墊底倒數，那種感覺只能用「極度挫折」來形容，因此在那段期間她對學習幾乎失去了熱情和目標。

「因為自己怎麼努力都達不到預期成績，我甚至想不如就這樣放棄算了。」那時她不停地偷偷問自己。「這是我要的學校嗎？我快樂嗎？有好多次我都跟母親說要轉回普通國中。」但是漸漸地，她發現在聖心，師長並不是只用分數來衡量一個人，學校的課程和學習方式很多元化，滿多事情吸引著她，有趣的同學，可敬的師長，都帶給她很多助益，所以她決定給自己一點時間去適應。

果不其然，初中三年不夠，她繼續念完高中三年，還意猶未盡。「有些東西是要堅持一段時間才看得到。」張家敏說聖心便是如此。

她在聖心找到自己的價值和目標，這讓她不再手足無措地虛度青春歲月。她曾記得有位老師說過，人生如同滑冰，要隨時調整姿態以便保持平衡，學好平衡，找對方向，就不容易跌倒。隨著自己不斷的成長和反思，她十分認同這個道理。

學會安靜——便是張家敏為自己找到的一個「平衡」的方法，她從靜下來聆聽內在的自己開始做起。

「原來，安靜可以是如此美妙的聲音。」對她來說，這是從不曾有過的感受，學校的氛圍深深感染了她，她喜歡那種寧靜、平和、聖潔的宗教氣息，不管是彌撒、聖歌領唱、祈禱或是一些儀式，都帶給她前所未有的安定力量，讓她可以靜下心來，仔細去聆聽自己心靈深處的那個聲音。

「原來和平存在於寧靜之中。」藉由心情的沉澱，張家敏不會再像以前一樣老是處在焦慮和莽撞的狀態，她學會恰當的使用沉靜的力量來穩住自己的心境。

另外，聖心也讓她找到自己獨特的潛質並培養出自信。「高中時因為擔任青年會幹部，讓我建立很大的自信，對一個缺乏信心的人來說，影響很深。」因為每個月青年會都要舉辦不同的活動，所以她們要學會很多在寧靜的環境中，我們才聽得到天主的聲音。

事，要去計畫、去討論、去溝通、去執行，也要在其中學會聆聽別人的聲音，關心別人的感受和負責任等等。

「團隊運作就是要靠彼此的信任和真誠，所以我們會公開、坦率地表達自己的意見，同時也要學著去接納不一樣的看法，還要時時想著為人服務，這需要有樂於助人的心才能做到。」這些課本沒教的東西，對張家敏來說，是一種挑戰，這也是聖心給她最好的人生資產。

「聖心真的是一個非常美麗的學校，不管是外在或內在。校園的每個角落每天都有不一樣的美。在喧嚷匆忙的世界中，學著放慢自己的腳步，你就會發現原來我們所處的地方是這麼的美好。」

張家敏現在是皮皮親子天地附設特殊教育中心的負責人，她很喜歡教育的工作，她認為教育就是要為孩子打開心門、真心去關懷、接納和引導，讓他們找到正確的價值觀。

Chapter4

自由與開闊——以開放為本的教養智慧

追求人生夢想的勇氣

聖心給我不一樣的美感教育，這是滋潤我生命的新鮮氧氣；而學會如何面對挫折，認真勇敢做自己，則是我源源不斷的勇氣來源，這些都是聖心送給我的最好禮物。

——莊祖宜

莊祖宜的母親——知名聲樂家范宇文曾經說過：「我這一生做過最好的決定，就是把小女兒送去念聖心！」其實，范宇文當時為孩子選擇學校，只有一個簡單的要求：那就是不會體罰學生。

因為她曾看到大女兒在傳統學校裡，飽受皮肉之苦。做媽媽的實在不忍心，於是到處打聽，發現聖心是個不體罰的學校，二話不說，就讓小女兒莊祖宜念聖心。

甜美、開朗，是莊祖宜給人的第一印象。她外表秀麗、氣質清新，還有著悅耳的聲音，曾經是校園創作歌手。整體看來，說她是聖心人「美」的代表，一點也不為過。

但十二歲剛進聖心時的莊祖宜，美，對她來說，似乎遙不可及。她形容自己那時皮膚黝黑、身材瘦乾，頭髮剪得跟男生一樣薄短，樣子一點也不出色，加上行為舉止像個男孩般，應該搆不著美的邊緣。但是，醜小鴨怎麼會變成天鵝呢？「如何成為一位內在外在皆美的人」是莊祖宜在聖心學會的許多事情之一。

進入聖心，她先學會笑。擁有迷人的微笑曲線，讓她在日後遇到任何困難時都會先用正面態度去面對。而她也深深認為行為比信條更重要，因為在校園中看到姆姆和師長對待事物的方法，就是最佳的學習典範。

「當你看到師長們發自內心喜悅的笑容，輕聲細語溫柔對待學生的態度，自然而然就會感染那種自然喜樂的氣息。」莊祖宜記得，新生訓練的第一天，聖心老師就特別強調，保持微笑對身心健康是很重要的。一開始，不太愛笑的莊祖宜，逼著自己硬擠出笑容，心裡覺得萬般彆扭。但是沒有想到，這樣一個看似微不足道的小動作，日積月累地卻在她身上發生潛移默化的作用。

當然，她知道改變的不止是臉部表情，而是一種心境。日子久了，她的頭髮也變得比較整齊，舉止也變得比較端莊，也就是說，她開始注意到「美感」這件事情。

她說，在聖心，女孩子的美感是很被重視的。而真正的美，是由內而外、發自內心的。美感可以有形，也可以無形，它可以只是一舉手一投足，也可以是一種美麗的心境。在生活細節中，輕聲細語、問早道好的基本禮儀，都是美感的實踐。美，也存在於環境氛圍裡，如詩如畫的聖心校園景致，似乎不斷地提醒聖心的女孩們：要溫柔、善良、有禮貌、要朝氣蓬勃、要勇敢……就這樣，六年下來，莊祖宜果然「女大十八變」，成為一個氣質出眾的女孩。

莊祖宜不僅已在氣質上有所轉變，在課業上，她也力求完美。好勝的她期許自己在每個領域都能做到盡善盡美。她的筆記常被師長和同學們誇獎；她每天犧牲早上、中午的休息時間，跟老師們反覆練習英文即席演講，獲得全國第三名的佳績；而對於她最愛的歷史，更是投入百分之百的心力，曾創下一整年「零失分」的記錄，也就是不論大考、小考統統一百分的驚人成績……。莊祖宜對完美的追求，外人看起來有點不可思議，但她說這完全是源自內在的動力，絕對不是學校、父母的壓力，因為她發現發掘自己各方面的潛能是一件很過癮有趣的事。

聖心的老師不會給學生講長篇大論的教條，師長們喜歡做的是：用簡單的方法去提高學生對自身言行好壞的察覺度，然後會用比較委婉的告誡，讓學生自省並從錯誤中學習。

另一個讓莊祖宜終生受用的是「每個人都要努力活出無限可能」。「有夢就要勇敢去追尋，沒有比實現夢想更棒的事。」姆姆們和師長們總是這樣告訴她們，要她們不要怕失敗。儘管學校的規矩看似不少，但是在

|有夢就要勇敢去追尋，因為沒有比實現夢想更棒的事。

思想和心靈上，她都覺得這兒的校風純粹且自由，沒有束縛感，可以看見更繽紛多彩的世界。

有時她會覺得姆姆們像極了電影裡《修女也瘋狂》中的修女一樣好玩又有趣。莊祖宜記得當時的校長是孫姆姆，孫姆姆會跟同學說起當年為什麼會當修女的故事，「我可不是嫁不出去才當修女的喔！我可也是有過男朋友的……」暑假到了，孫姆姆會叮嚀大家：「要多出去運動，多出去游游泳、打打網球！要動動身體，腦筋才會更靈活。」畢業後有一次碰到孫姆姆，她還開心地告訴莊祖宜：「嘿！你猜猜看昨晚我去做什麼了？我跑去聽演唱會了！真是精采透囉。」孫姆姆的爽朗笑聲和無限活力好像有著強大的穿透力，讓她也跟著興奮了起來。這讓莊祖宜體悟到；要好好讀書，也要像姆姆們一樣好好努力生活，活出精采人生。

內外兼具的模範生莊祖宜，求學的路上曾經面臨過不少大小考驗。

大學畢業，出過唱片，當過國中教師，後來又出國進修艱澀的人類學，苦讀長達八年。二〇〇六年，她還是美國華盛頓大學人類學博士候選人的時候，卻因為意外接觸到廚藝，生命有了一百八十度大轉變。她放棄即將到手的人類學博士學位，改行專心鑽研美食，後來以最高榮譽畢業於麻州劍橋廚藝學校。

莊祖宜一直都記得姆姆曾對她說過的話：「人生旅途一定會有風浪同行，如果沒有風浪或許可以很快到達對岸，但這樣就剝奪了你最好的磨練機會，你們一定要懂得珍惜挫折失敗帶來的成長。」所以，爾後在每一個抉擇的關卡，莊祖宜都能抬起頭，大步迎向看似混沌困難卻帶來更多自我成長的未來。

莊祖宜表示，聖心教育給她不同於一般世俗的「美感」和「信心」，這是滋潤她人生的氧氣；而學到了如何面對挫折，認真勇敢地做自己，則是她源源不斷的勇氣來源。所以當她面臨不一樣的學習或創作，甚至是阻撓在面前的挫折，都會以一種更自在的心情去面對和調適，並堅持自己的想法與步調。

已經吃過各種異國美食的莊祖宜，還常會懷念起聖心廚房伯伯們特調失敗是最好的磨練和成長的機會。不要過度保護孩子，要是他們沒有機會失敗，就等同沒有機會成功。

的辣椒醬。熱呼呼的小饅頭，沾著辣得過癮的私房醬。那滋味，回憶起來，特別美味。她笑著說：「聖心六年的幸福甜蜜好滋味，最是讓我時時刻刻懷念不已！」

莊祖宜暢銷書《廚房裡的人類學家》作者，是專業廚師，也是美食評論家，不但可以做出令人垂涎的美食，也能寫出優美細膩的文章。曾經是校園間創作型的歌手，後來出國進修人類學，苦讀長達八年。

二〇〇六年，意外接觸廚藝，專心鑽研美食，並保持從聖心時期就具有的認真態度，以最高榮譽畢業於麻州劍橋廚藝學校。莊祖宜認為自己勇於追求夢想的動力，習慣用美的眼光去看這個世界，都養成自聖心。

看起來像是一艘停泊在山腰上的船！普利茲克建築獎得主丹下健三(Tange Kenzo)為聖心設計的校群建築現代感與創意十足，創造出許多建築師眼中彷彿心靈與大自然對話的絕妙空間經驗。

讓視野豐富你的生命

那是一段很動人的成長過程，我人生中所擁有的很多能力，包括視野、正面的思維、積極、分享等等，當然也包括父親當初最想給我的國際觀，聖心都給了我。聖心美好的傳承，讓我的心靈甦醒。用「緣意」和「愛意」妝點的聖心，是寶藏，更是值得珍貴的回憶。

——姜宗怡

因為希望女兒有國際觀，姜宗怡的父親幫女兒選擇了聖心。家境只是小康，但想讓孩子念私立女中，全是父母的一片苦心。因為曾經派駐國外的父親知道，要讓女兒擁有世界觀，必須從學習開始。

回想數十年前在聖心的那段青澀歲月，姜宗怡說那是很動人的成長過程。她人生中所擁有的很多能力，包括正面的思維、積極、樂於分享等，還有父親當初要給她的國際觀，聖心都給了她。聖心美好的傳承，讓她的心靈甦醒。她形容聖心是用「綠意」和「愛意」妝點的學校，是寶藏，也是很值得珍貴的回憶。

「驕縱」和「任性」是姜宗怡對自己未進聖心之前個性的描述，因為母親自小就十分寵愛她，在家什麼事都不用做。但是進入了看重生活習慣的聖心，一切變得不一樣。倒不是她驕縱的個性馬上有了改變，而是猶如電影中修道院清妙嚴謹、神祕又充滿詳和寧靜的聖心氛圍，讓凡事都好奇的她，心生奇妙之感，忍不住想一探究竟。

「在冥冥中我愛上學校的純淨氛圍，因為心情可以變得很平靜，不再浮浮躁躁。學校生活規矩雖多，但是遵守起來並不難，特別是住校的生活，規規律律、井然有序。本質單純的環境，讓我做起一切事都覺得心安理得。我喜歡上學生的本分——讀書，更愛沉浸在浩瀚書海中。」姜宗怡說，她在聖心六年，把圖書館中愛看的書都快啃完了，對於各種知識都想天主靜悄悄地進行祂的工作，我們熱切盼望並與天主合作，必有所成就。

涉獵的她，總是在吃飯前的自習時間就把該念的課堂書先念完，然後晚自習就沉浸在從聖心的圖書館借來的書當中，在書籍中慢慢環遊全世界。她急著想要知道不同的世界有什麼有趣的事，不同文化有著那些不同思維，而那些書本上的世界，在她長大後，成為她很輕易理解陌生國外環境的一把心靈鑰匙。

聖心給她的國際觀是很扎實的。姜宗怡說，那時姆姆們來自四面八方，儼然就是一個小小聯合國，所以有很多不同文化的各自見解。探索世界的種子在那時就這樣無聲無息地被啟發了。姆姆常告訴她們，有機會就要多去涉獵不同的知識，不要只放在教科書上。聽著姆姆說著不同國家的人事物，她就好奇地去圖書館找尋相關的書籍探究。「要用開放的心去欣賞不同文化的美」，這些道理在她日後的人生體驗也最深，因為工作的關係她經常要到許多不同的地方去考察與旅行，放下個人偏見和自身的生活習慣，真心去接受其他的文化，就是擁有國際觀的第一步。而這些早在數十年前，姆姆就已經教會她們了。

姜宗怡初中的班導師是陳華英姆姆，也是她們的英文老師。小陳姆姆的英文教學，應該算是當時外語教學的先驅。她捨棄課本和制式呆板的教學，而去創造說英文的情境，「她總是會想到一些有趣的方法來引導學生對學習英文產生濃厚興趣，例如教我們唱英文歌、讀文學短篇、教我們有用的會話等等，讓我們自然而然地把英文融入生活。」姜宗怡說，上英文課變得有趣得不得了，大家都在初中就打好了英文基礎。「老師讓我們就像說母語一樣自然學習，還要我們把學習的眼界放寬、放遠。我就是因為這樣，把英文學得很透徹，這對我後來在國外讀書和之後工作需要與全球溝通方面受用無窮。」

當然，不光是英語課如此，有很多科目，老師都把學習變得有趣，讓學生打從心底愛上學習這件事，這是聖心值得推崇的教育理念。

姜宗怡也很感謝美術老師陳姍姍老師，因為她也把美術課由曲高和寡的藝術，轉換成和生活息息相關的美學趣味。她還記得老師每每教她們要欣賞畫、欣賞美的事物時，都會先把畫家的成長背景、創作過程當故事一樣講得很生動，讓大家知道創作後面有著令人動容的故事或典故，讓她們能更用心的去欣賞。那時，學生們都很喜歡上美術課，而老師也會把可以用在日常生活的美學用簡單的方法教給她們，像是蠟染、剪紙、絹印、或其他不同素材拼接創作等等。

「直到現在，我到世界各地都一定要去造訪當地的美術館、博物館，也特別對美的事物和有創意的東西有興趣。」她說聖心是她美學的啟蒙老師，讓她知道並學會美感創意可以延伸至生活與工作。

小陳姆姆影響她很深，她很喜歡老師那種女性特有的智慧和威柔兼具的風範，所以總是想著，以後也要成為那樣讓人敬重的人。「我還記得，陳姆姆對我們的生活教育很嚴，她規定我們不能在走廊上奔跑，也就是說走路要有走路端莊的模樣。所以每次只要快經過老師的辦公室，大家都會不自主地就放輕腳步。這種感覺很妙，就如同你跟她講話時，一定也會變得有條理，而不會慌慌張張不知所措，因為面對姆姆，你就會變成她期待你的那個模樣。」陳姆姆是一個優雅堅強女性的好典範，也是姜宗怡想要學習的對象，她總記得姆姆的眼神，那樣明亮而清澈，她渴望擁有如她一樣的智慧。

「在聖心，記憶不管多遙遠、多模糊，對我來說在在都是快樂的事，於內於外都覺得那是一段好美的學習經驗。儘管姆姆管得很多，犯錯一樣都要記過，但是，就是學到很多東西，特別是對人生價值的定義，那些應該是無價的吧。」姜宗怡說對於人生價值究竟何在的問題，早熟的她在很小的時候便開始思考，然後慢慢地，她在姆姆身上，在圖書館的書本中，與自身的人生體驗中分別找到答案。

真誠且無私的服務，是她在姆姆身上看到的人生價值，因為姆姆在幫助人、關懷人上面往往是出於發自內心的單純善念，完全不問回報，有的只是耐心和堅持的毅力。這樣的價值觀也感染了學生，所以姜宗怡很早就知道：自己想要過的是有意義的人生。她要追求有價值的生命內涵，盡管她的信仰因為時空背景現在已經有了改變，但是不變的是，她知道自己要的是什麼，對自己深度的自我期許也從來沒有改變過。

｜我們所有的一切都來自於天主。讓我們打開心門，無所畏懼。

高中快畢業的某一天，當時的周繼文校長和她在校車上比鄰而坐。校長很親切地問她：「對於未來，你都準備好了嗎？」那時的她因為家庭的關係要到國外就讀，而不選擇在國內繼續念大學。姜宗怡只記得她吸了一口氣，然後用很肯定的語氣說：「校長，我想我已經都準備好了。」現在她自己回想起來，誠所謂初生之犢不怕虎，不成熟的她，連該害怕甚麼都不知道罷了！但在聖心，她已養成凡事先從正面的方向去思考，相信自己只要努力就可以做好，而事實也證明，正面的思維賦予她挑戰人生的勇氣。雖然她告別了聖心，但她的人生還是朝姆姆指引的方向前進。姆姆的價值觀指引她一路完成學業、工作、並且在回國後和先生共同創業，用微笑去迎接所有的困難與挑戰。她說：「有時跌倒了，就爬起來再努力。失敗挫折，沒甚麼大不了。」這是聖心姆姆教她的人生道理。

「生命本來就是一趟美麗的冒險，風雨起伏在所難免，只要能找到自己的優點與價值，學會做自己的主人，過自己認為有意義的生活，這樣就很完美。」姜宗怡現在有自己的事業、幸福的婚姻，也找到人生的信仰。

她和她先生都想從自身開始，努力把人最單純的善念和善行發揚出來，因為對她來說，懂得去關懷和分享，才是最有意義的人生，而這也是她在聖心最真實的學習。

姜宗怡為具冠企業副總經理，代理歐美頂級美容保養品與美髮產品。她總是樂於工作，穿梭在世界各地。她很感謝聖心開啟了她的國際觀。而讓她受惠的還有正確價值觀的建立，因為對的價值觀指引著她往樂於分享、願意關懷與付出的路上前行。她說，助人是一件很快樂的事，聖心讓她學會快樂分享。

百合花遊行由同學手持親自摺製且寫下祈禱詞的百合花，在靜默於校園的行進中領略內心與外境。

大膽築夢最幸福

這就是我成長的地方，想想看，有如此開放的發展空間，我們學到多少東西呀，所以我覺得聖心人很能獨力思考，執行力也很強，因為我們的養成過程就是如此開放與自由。和填鴨式的傳統教學相比，我們實在是太幸運了。

——曾寶儀

曾寶儀是一位兼具節目主持人、歌手、演員多重身分的全方位藝人。其實在大學畢業之前她一直認為自己會成為一個很普通的上班族，因為演藝圈當時並不在她的選項當中。然而一切都是機緣，就如同她會去念聖心女中一樣。

「我爺爺有位朋友的孫女念聖心，這位姊姊氣質風度各方面都很好，又十分有禮貌。爺爺奶奶就常跟當時還在國小的我說，國中就去念聖心吧！聖心女孩都特別有氣質。剛好我也很喜歡那位姊姊，所以就去念了聖心，而且一念就是六年。」她說現在想起來真的很感謝那位小姊姊。

那時還有許多姆姆在校服務，不過姆姆當時已經比較少管學生的事務。曾寶儀每次都只敢遠遠地望著姆姆們，覺得她們德高望重，不太敢在她們面前亂開玩笑，不過看到姆姆的關懷眼神，心中還是會覺得很溫暖。

「姆姆在聖心算是一種精神指標，也是可敬的長者。她們很重視紀律，學生都很尊敬她們，不過我們在姆姆面前不敢沒大沒小的，都是畢恭畢敬。」

六年的聖心時光裡，曾寶儀最懷念的是老師和同學。她國二的導師黃美智老師，是家政兼公民老師，個性溫和，會像媽媽一樣疼愛學生。「那時我們全班的感情真是好得不得了，老師還在假期間帶我們出去玩，印象中還曾到過花蓮班級旅行，可能太像一家人，國二升到國三要分班時，全給孩子足以發展的寬廣空間，讓他們可以大膽地去做夢，而且要一路支持和給予鼓勵。

班抱著痛哭，大家都很捨不得要分離，那個畫面到現在都還記憶猶新。」曾寶儀說那種感覺實在太強烈了。

聖心時期的曾寶儀帶著塑膠黑框大眼鏡，還戴著牙套，個頭又小。她很喜歡學校生活那種很單純的感覺，她那時從沒想過漂不漂亮這樣的問題，生活就是讀書、參加學校的各種活動，把時間填得滿滿，規律卻充滿了無窮的樂趣。

「雖然學校活動多得不得了，但由於六年我都是住校，所以幾乎整個生活圈就是學校、老師和同學這樣的一個大團體。我特別喜歡團體生活的感覺，有點像是在辦家家酒，大家一起做好多事、一起讀書、一起吃大鍋飯、一起洗碗、一起成長，那也是我很喜歡聖心的原因之一。」單純而美好的感覺讓曾寶儀每每想到聖心都還會莞爾一笑。

曾寶儀喜歡團體生活的起源是聖心，她現在常在兩岸三地拍戲，樂此不疲的原因之一是可以跟劇組一起生活，一起放飯、一起排戲，大家像一家人。她很珍惜那樣的感覺，很像回到聖心的住校生活，很開心。

在聖心老師和同學的心目中，曾寶儀算是一個風雲人物。連前任的林沛英校長和不少老師都還記得她，因為她是學生自治會會長，又多次代表學校參加全省各種演講比賽得到優異成績。而很多校友更是一講到傑出校友都會提到曾寶儀，因為她的成績和各領域的表現都很優秀，不過曾寶儀卻很謙虛地說：「在聖心，厲害的人其實還很多，很多人其實都是深藏不露，而我只是比較勇於表達而已。」

關於這一點，她說聖心真的很棒，給學生們足以發展的寬廣空間，讓學生可以大膽做夢，而師長也都全心支持並給予鼓勵。「如果我們有什麼想法或點子，跑去跟師長或校方講，她們都會說去呀！去呀！這個想法很不錯。不過想到也要做到，去做吧，可別說到做不到。」不論是什麼古怪的點子都不會被認為是不務正業，因為在聖心，只要是你有興趣的事都可以被歸類為正業，這一點可能比許多學校要開明許多。

曾寶儀記得她高中時期很流行相聲，那時表演工作坊的「那一年我們說相聲」名氣很大，她在當時對相聲也著了迷，於是她鼓起勇氣跑去跟學要孩子把眼光放廣闊，因為這世界這樣大，什麼樣的人事物都有。

校說想找人組團去參加比賽。原本她以為校方會反對，沒想到老師們都說好，還主動幫了不少忙。「我們自己寫劇本、搞排演、弄服裝，然後就一路過關斬將，學校都站在鼓勵的立場去協助。」後來她們真的得到北縣相聲比賽第一名和北區七縣市的第一名，還得到最佳表演獎的全國第二名，那一段相聲比賽的日子，曾寶儀感到很有成就感，因為那是堅持追求自身夢想和具體實踐的一種過程。而師長一路陪伴並多方鼓勵，讓她們有動力去激發出更多創意的火花。現在每每想到那一段日子，曾寶儀都覺得好感謝，因為是師長們讓她知道：對自我的夢想一定要勇於追求和堅持。

「這就是我成長的地方，想想看，有這麼開放的發展空間，我們學到多少東西呀！所以我覺得聖心人對事物總能獨立思考，執行力也很強，因為我們的養成過程就是開放與自由。和填鴨式的傳統教學相比，我們實在是太幸運！」她說學校開放的態度養成了她們願意去追求理想的態度，這一點在往後人生一直影響著她。

人生不可能都是一帆風順，難免會跌跌撞撞，但曾寶儀總是毫無猶豫樂觀積極地持續向前行，這種對人生的堅定態度和專注就是在聖心養成的習慣。「中學時不管是讀書也好、辦活動也好，總是可以心無旁騖，專心地去完成，因為聖心的環境就是那麼單純美好。」在聖心，曾寶儀學會沉澱自己的心，向內省思發掘自己生命的火花，並且透過全心全力追求理想的過程，不斷突破自己、淬鍊自己。

曾寶儀在聖心讀了六年也住校六年，台大社會系畢業，目前是全方位的藝人，很喜歡戲劇節目的演出。聖心陪伴她成長，給了她很快樂的青春時光，她在聖心找到自己的興趣和自信，讓她學會帶著歡笑與夢想，大步向前行。

日本建築師丹下健三為台灣聖心所設計的校舍建築，每一扇窗看出去都是一幅風景，每個角度都有令人驚喜的視野。

不同角度的生命美好

我覺得自己十分很幸運，原生家庭沒有重男輕女的觀念，到了聖心，姆姆們及老師的教育，也沒有將女孩子定位為只能做賢妻良母，反而鼓勵我們要充分活出自己的天賦，這些都助長了我後來從事造船事業的驚人能量。

——陳麗玲

如果你去八里左岸散步，會經過陳麗玲的大舟造船廠，或許你會看見她和妹妹正在船廠裡工作。在兩層樓高的船身，和一些身強體壯的工程師，工人，國外的經銷商之間穿梭著，陳麗玲是台灣歷史悠久的大舟造船廠第三代經營者。

一個女性，從那裡習得經營造船廠的本領呢？她如何帶領這樣一個陽剛氣息的工作團隊？她有沒有駕著自己公司造的船，遨遊四海嗎？歷經前幾年遊艇產業的變革，她對台灣經濟發展的脈動有怎樣的經驗呢？聖心教育又給她打下怎樣的基礎，讓她得以面對種種考驗呢？

陳麗玲的祖父早年在大稻埕以造木頭舢舨船起家。到了她父親那一代，台灣喜歡玩帆船的駐台美軍，有次把一艘帆船的圖翻譯後給了她的祖父，試著讓他們造帆船。後來這艘船隨著美軍補給軍艦停泊到美軍的基地和本土，台灣人能製造帆船的消息，就這樣傳開了。大舟開始接國外訂單，成為台灣最早的休閒遊艇製造者，也開創了遊艇王國的先河。

一九七〇年代，全球的造船由玻璃纖維取代了木材，當時製造玻璃纖維的技術是由日本人帶過來的。來自美國和日本的技術人員或客戶，來台灣的時候總要待個幾天，都是住在陳麗玲的家裡。所以她在很小的時候，就開始有跟不同文化的人來往的經驗。

這個經驗讓小女孩知道世界很大，能學習多種語言跟人溝通是很重要的。而這些早年的認知在日後進入聖心女中，得到了更多的啟發與印證。

隨著年齡的增長，父親也發派一些小工作給孩子們做，像是倒茶，招呼客人等等，因著從小在船廠長大，後來陳麗玲接掌經營工作之後，也不至於完全生疏。

「我覺得自己十分幸運，原生家庭沒有重男輕女的觀念，到了聖心，姆姆們及老師的教育，也沒有將女孩子定位為只能做賢妻良母，反而鼓勵我們充發揮出自己的天賦。」這些都助於她在未來從事一個志在四方，遨遊七海的事業。

陳家的造船廠本來在艋舺，但隨著業務的發展遷到了淡水河畔，聖心幼稚園是陳麗玲跟聖心的第一次接觸。念幼稚園時，對聖心有著怎樣的回憶呢？陳麗玲似乎回到了那遙遠的年代，她說：「是薔薇的香氣，下過雨之後，薔薇的香味……。」對於一個四、五歲的孩子，在數十年後回憶起來，那個薔薇淡淡的香氣，還能讓她流露出陶醉的表情。

「因為當時聖心還沒有小學，我其實是在台北度過小學的六年，當時八里的道路還很差，每天在台北八里間通學，實在滿辛苦。不過到了初中時，我又滿心歡喜了，因為可以再度回到聖心。我一直很想念聖心。」陳麗玲還記得，第一天回到聖心報到時喜孜孜的心情。

當時已經成為少女的她，重回聖心第一個最強烈的印象是：在聖心，發現事情並不只有一種作法，並不是只有一個標準答案，這可是大大震撼了她。

「在那個久遠的年代，台灣的公立學校裡，很多事情是非常制式化的。例如：所有的女生都要剪個西瓜皮的髮型，而且還規定一定要左分右夾。但聖心在當時對我們的髮型卻只是要求簡單，乾淨，好整理，而且絕對不是耳上三公分。」陳麗玲覺得自己比別的學校的學生，受到更民主的對待。

「我記得當時，一般學校每天早上要像軍隊一樣排隊齊步走，唱著愛國歌曲或喊著口號去升旗，但是我們在聖心，同學是在早自習之後，各自走到操場集合整隊，升旗。」陳麗玲發現，沒有了那些規定，學生依然整讓孩子學會用不同的角度去看世界，瞭解事情並不只有一種做法，也沒有所謂的標準答案。

齊樸素，升旗時依然很莊嚴肅穆。這個發現在她往後的生涯裡，變成她的行事原則。處理事情，並非只有一個標準答案，也不一定只按她的想法行事，人是可以有創意和彈性的。

陳麗玲在聖心國中部念了三年，比起那些從小學念到高中的人，三年不算很長，但是她覺得聖心教育在她的人格特質上，立下了一個很重要的基石，那就是：「真誠」與「創意」。

因為從小跟著父親見識過一些商場裡的事情，很早就知道人與人之間並不如想像般單純。她熟知一般學校裡，同學因為課業競爭而勾心鬥角的事。但是在聖心，因為評斷人的價值並不是在分數高低，或許同學彼此還是會有競爭，但卻沒有心機與排擠，大家都是同心協力去做事和學習。

「我體會到一種很單純，真誠的關係，不管是同學跟同學，或者是姆姆師長和同學間，也了解到人不必耍花樣或心機，去獲得被重視或肯定。因為在聖心，每個人都會被姆姆和師長當做『主角』一樣平等對待。」這個真誠的態度，讓她能夠坦然面對日後所遇到背景文化不同的員工與客戶。

「對於創意的啟發，也是我在聖心的一大收穫，聖心有一些很具個人特色的老師。在我記憶中有兩位很難忘的老師，一位是目前仍在國文科任教的陳擎虹老師，老師教過什麼內容，雖然已經記不清楚，但是我記得有一次陳老師在教一篇文章，講解的時候，自己竟被文章中的意境感動得流淚。」當年陳麗玲未必能體會老師的心境，但是她瞭解到了美的東西會讓人感動，無論那是一篇文章、一首歌、一艘船，或是一份心意，都是飛翔休憩的美好時光。

另一位是教英文的林淑玲老師，「林老師設計了很多活潑有趣的上課方式。玩小遊戲啦、演戲啦、集體上台表演啦，林林總總五花八門的課程，讓我們對英文產生很高的興趣。」上課之餘，陳麗玲也會主動讀很多課外英文教材。對於日後負責將遊艇外銷世界各國每天都要運用的外語，陳麗玲覺得在聖心她打下很好的英語基礎。

宗教的氣氛也是陳麗玲念念不忘的，她覺得心靈上總是能安詳而寧創意的啟發是很重要的，盡可能讓孩子有機會去接觸美的事物、觀察周遭的事物，並給他們機會發表自己的想法和看法。

靜，譬如，在彌撒中她總是能感受那種很動人的平靜氛圍，而小時候學到的聖歌，直到現在還會偶爾不經意地便哼唱了起來。

「我特別喜歡老師帶我們做默想，默想時常會有很多創意浮上心頭，默想之後大家討論自己的心靈境界，也可以讓自己沉靜下來，讓構想和靈感浮上心頭。」「執著和堅持，也是我在聖心得到的禮物，如果沒有這些力量，我可能沒有辦法達到超越格局的境界。」這些能力到今天她都還常常使用，而且每每遇到困擾、挫折或工作瓶頸時，更是好用。

循著在聖心踏過的足跡，陳麗玲找到讓她敞開心靈的那把鑰匙，不再框限自己在原地踏步，她希望有更多的人可以和她一起分享這樣的喜悅。

陳麗玲現任大舟企業的總經理，帶領著台灣歷史悠久的造船廠，穿越近年來的經濟起伏，讓它繼續乘風破浪的前進。她說如果沒有聖心教會她這麼多人生的道理和智慧，應該也沒有辦法做到。

以天父之心觀看世界

「你今天遇見天主了嗎？」學習用天主的眼睛，用耶穌基督的聖心，來觀看、來參與這個世界。從世俗的觀點來看，我們每個人都不一樣，從天主兒女的觀點來看，我們都一樣，在主內，我們是一家人。

——孫知微姆姆

世界上有一種人，從外表，你不難區分出他們來自哪個國家，但是，當你越認識他們，越跟他們相處，你越不容易把他們歸類為某一種人。因為他們雖然身居地球上的某個地方，但他們的心靈從未被局限於那個角落。孫知微修女，大家口中的孫姆姆，聖心女中的創校人之一，也是所有聖心人心目中的大家長。在過去的半個世紀中，她雖然曾經因為工作的需要，或是探訪在海外的親人，去過很多國家，但是絕大部分的時間，她是駐守在八里鄉的聖心校園裡，然而，這並沒有阻礙她成為一個真正的世界公民。

當人們提到「國際觀」這個字眼時，腦海中的定義可能是：某個人精通多種語言，旅行各地，對世界大事很了解，或是對某個全球關注的重大議題，像是政治，經濟，文化……有很深入的研究，獨特的見解等等。

有很多人會用「很有國際觀」來描述孫姆姆，但是，上述的那些定義在她身上並不貼切。在跟她認識和相處的這些年當中，周遭的人感受到的是她不只是有國際「觀」而已。跟大多數人不太一樣的是：她是真實地生活在一個比一般人要更寬廣的世界裡。

常常，聖心師生在用email跟孫姆姆聯絡或核對一些事情時，會發現收到回信的時間通常都在午夜凌晨之後。照理說，一位八十多歲的長者，每天很早就要起來祈禱，參加彌撒，白天也不見得能休息，超過十點睡覺都算晚了。為什麼姆姆會那麼晚睡呢？孫姆姆說：「很多國家跟我們都有時差啊，有時候要跟好幾個國家的人聯繫商量一些事情，你得抓住大家都醒著的時候！」講這些話的時候，她還是邊說邊帶著那特有的爽朗笑聲，好像並不以為苦的樣子。聽她說這些事情的時候，令人想起一些大飯店牆上掛著的好幾個時鐘，分別標示出台北，東京，紐約，羅馬等時間，孫姆姆的房間裡，是不是也有好幾個時鐘？每個時鐘代表著一群她的合作者或是關心的人。的確，三不五時，來自韓國，日本，美國，羅馬，紐西蘭的訪客……參訪、交流、分享，合作，居間的聯繫者，經常是孫姆姆。

廣播裡播音員常報時：「現在是中原標準時間……」大家所認識的孫姆姆是個不按中原標準時間生活的人，「事情必須怎樣做，必須何時做最合適。」或許才是她對時間的運用法則吧。

一直到今天，孫姆姆仍然負責著修會裡跟國外的聯繫工作，這些聯繫可以讓她非常了解國際聖心會的各種發展與動向。透過這些理解，她也指導著聖心中小學的許多大方向，讓台灣一直跟國際的聖心學校保持同步。

講到孫姆姆跟國際的聯繫，有一件非常有趣的事情，時間應該是二

○○五年吧。那一年的愛心園遊會，大家已經做了計畫，要把募集到的部份款項拿去捐助美國卡翠納風災的災民，因為在受災最嚴重的紐奧良地區也有聖心會的學校，孫姆姆負責和當地聖心會的修女聯繫，告訴她們這件事，她的email通訊錄想必是很長的一串，上面有數十個聖心會服務的國家，結果可能是她深夜工作太累了，發email的時候按錯了收件人的地址，於是這封信就寄給了海地的聖心會。海地也是個貧窮的國家，很需要幫助，海地修女收到信後，立刻來函感謝，於是也不好意思說那封信是寄錯了，結果呢，學校就把募得的款項重新做了一個分配，讓美國的風災受災地區和海地都得到一些幫助，有了兩全其美的結局。對海地方面來說，這筆突然從天上掉下來的捐款無疑是老天爺給的禮物，奇蹟式的得到台灣的幫助，幽默的孫姆姆自我解嘲地說：「現在，你們終於知道，奇蹟是怎樣發生的了！」直到今天，並不確知海地如何運用了這份援助，但都相信，「萬事互相效力，讓愛主的人獲益。」

跟聖心稍有來往的人，早晚會聽說孫姆姆的故事，她在童年時代就因

｜幸福，就是能完成天主要我們做的事。

為父親的工作，到日本東京的聖心國際學校讀書。這是她第一次進入到國際社會，在那裡她很驚奇地發現，世界上有那麼多不同的國家。在那個孩子們純真的世界裡，不同文化背景，膚色的人，都可以和睦地相處。

大約二十多年後，孫姆姆第二次重返東京國際聖心學校，時間是一九五八年，當年的小女孩，已經在美國受完大學教育，做了聖心會的修女，被派遣到國際學校教授現代歷史。這先後兩次在東京國際聖心學校的經驗，對孫姆姆的世界觀有很重要的影響。

當時，二次世界大戰已經結束十多年，世界各國都開始從戰後廢墟中重建，互相的往來也活絡不少，在東京，有來自世界各地的外交人員，商人……他們的子弟很多都進入聖心國際學校就讀，這些孩子的父母對戰爭記憶猶新，當然也還保有他們原來的政治立場，有些國家，例如：日本對於中國，韓國，德國對於美國，法國，在戰爭時是對立的，他們的子弟卻得在同一個教室裡學習。

當時國際學校用的課本是來自美國的英文課本，撰寫歷史當然也是從美國的觀點來看世界，這個觀點未必符合每個國家的立場和經驗，這些敏感局面使得姆姆上起課來難度頗高，需要格外謹慎，姆姆記得她當時對學生說：「你們在唸這個歷史課本的時候，只需要記得跟事實有關的記載，至於那些形容詞，可以略過……」，在校園裡，也不刻意去談製造分歧的政治問題，在這段時間，姆姆也注意到各個民族的差異，例如：即使同為日耳曼民族，德國人正在一板一眼的辯論，奧地利也許想奏樂了，同樣是用筷子吃飯的民族，日本人，韓國人，中國人也很不一樣，拉丁美洲人和菲律賓人都很活潑，喜歡唱歌跳舞，但對事情的看法作法，也相去甚遠，尊重，接納，了解，不妄加判斷，彼此欣賞，都是非常重要的。

姆姆覺得擁有國際觀並不是擅長多國語言，或是周遊列國，或是擁有在世界各地都有分公司的跨國企業，國際觀是知道自己是人類大家庭的一份子，接受彼此的差異，但也堅信每個人都是來自同一個天父，都是天主的兒女。

和平是非常寶貴的，因為只有在和平的氛圍中，這些好的價值才有機為了要影響世界，我們必需瞭解它。

會被培養起來。和平是形成「天下一家」的沃土。

帶著這樣的經驗，孫姆姆於一九六〇年來到了台灣創立聖心女中，當時聖心會的修女也來自不同國家，有中國，日本，美國，加拿大，台灣的社會除了在地的閩南人，客家人，原住民，還有從中國撤退，來自各省的人，小小的島上有這樣多元的文化互相在沖激，磨合……感謝天主從幼年時代給了孫姆姆諸多的機會，培養她成為一個世界公民，幫助她有能力面對多元文化的挑戰，這個恩典也讓過去半個世紀的聖心人，都分享著這份寬廣的視野和胸襟。

孫姆姆並不執著於一個特定的，出自哲理的世界觀，而是她用一個特別的角度來「觀」這個世界，那是一個天主的兒女，站在天主身邊，學習用天主的眼睛，用耶穌基督的聖心，來觀看，來參予這個世界，來跟大家一起生活。也透過生活，幫助我們學習用天主兒女的眼光，來看世界。從世俗的觀點來看，我們都很不一樣，從天主兒女的觀點來看，我們都一樣，在主內，我們是一家人。

孫姆姆對聖心人有什麼期許呢？她說：「聖心女中，從一開始，就是透過國際的力量，從各地聖心學校的孩子小小的奉獻中，一磚一瓦的興建起來，在過去的五十年當中，也從未間斷過跟國際聖心的聯繫。」

在慶祝聖心女中創校五十周年的時候，姆姆寫信給全世界聖心學校的朋友們：「『你們』的聖心女中，今年要過它的五十歲生日了！願『我們』彼此更緊密的結合，讓耶穌聖心的愛，充滿大地。」

書後記

當我緩步走在五十年來的時光隧道中，並沉浸於一篇篇動人的故事時，不斷地重複著對天主的讚美，也對天主重發獻身教育之誓願，我願與老師們成為聖心教育的傳承者。

對天主的讚美是因為我看到一群群來自不同家庭背景，具有不同性格與能力的少女，在始終如一的教育目標中成長、蛻變與茁壯。蛻變羽化的過程中，欣賞的眼、鼓勵的手、智慧的言語、堅毅的步履、寬闊的視野，耐心的陪伴，深深地觸動了年少的心靈，激起了向內探索、向上提升、向外實踐的具體行動。

我願重發獻身教育之誓願是因為透過校友們的故事，讓我更加確認修女及師長們的智慧引導，對成長中的幼苗，是具有何其深遠的影響力，這些也給了我許多啟發與活力。在環境快速變化的同時，有些變與不變，為與不為的思慮中，小故事的啟發，著實可以讓我們做更進一步的思索。仍在教育崗位上的我，當然又再度燃起「有為者亦若是」的豪邁之情。

五十年來聖心人成長的小故事，重新凝聚了聖心人對教育的熱忱，讓我們在感念修女師長的教導外，也能讓聖心人在茁壯後，將教育愛延續至每一代的青年人，使我們彼此都有更豐富且美好的生命。

聖心女中前校長　林沛英

國家圖書館出版品預行編目資料

即使只爲了一個孩子的幸福：聖心姆姆的愛與啓發/高沛慈著.--第一版.--台北市：樂果文化，2010.12
面； 公分 --（樂成長；3）

ISBN 978-986-86181-7-6(平裝)

1.教育 2.文集

520.7 99019738

樂成長 003

即使只為了一個孩子的幸福：聖心姆姆的愛與啟發

作　　者／高沛慈
封面設計／蕭雅慧
內頁設計／陳健美
總 編 輯／曾敏英

出　　版／樂果文化事業有限公司
社　　址／台北市 105 民權東路三段 144 號 223室
讀者服務專線：（02）2545-3977
傳真：（02）2545-7773
直接郵撥帳號／50118837 號　樂果文化事業有限公司
印　　刷／前進彩藝有限公司
總 經 銷／紅螞蟻圖書有限公司
地　　址／台北市內湖區舊宗二路 121巷28．32 號 4樓
電話：（02）27953656
傳真：（02）27954100

2010年12月第一版　定價／**280 元**　ISBN 978-986-86181-7-6